Spirituelle Partnerschaft mit Haustieren

Kate Solisti-Mattelon
Patrice Mattelon

Spirituelle Partnerschaft mit Haustieren

Harmonische Verständigung, sanfte Heilung und ganzheitliche Pflege

aus dem Englischen
von Christiane Sautter

Integral Verlag

Die Originalausgabe erschien unter dem Titel
»The Holistic Animal Handbook« bei Beyond Words Publishing,
Inc., *Hillsboro, Oregon*

*Das vorliegende Buch ist sorgfältig erarbeitet worden.
Dennoch erfolgen alle Angaben ohne Gewähr. Weder Autoren
noch Verlag können für eventuelle Nachteile oder Schäden,
die aus den im Buch gemachten praktischen Hinweisen
resultieren, eine Haftung übernehmen.*

*Der Integral Verlag ist ein Unternehmen
der Econ Ullstein List Verlag GmbH & Co. KG*

ISBN 3-7787-9065-X

*Umschlaggestaltung: Hilden Design, München
Gesetzt aus der Souvenir
bei Franzis print & media GmbH, München
Druck und Bindung: Pustet, Regensburg*

Für alle Menschen, die mit Tieren partnerschaftlich gelebt haben, leben oder leben werden, um miteinander Gesundheit, Glück und Ganzheit zu verwirklichen.

Die wahre Heilung besteht darin, ein Wesen an
seine vollkommene Gesundheit und Ausgeglichenheit
zu erinnern. Alles andere verletzt seine Würde.

Inhalt

Vorwort

Ich bin davon überzeugt: Sie werden dieses Buch genießen. Und noch mehr werden Ihre Tiere dieses Buch genießen. Wenn Sie Ihre Tiere lieben und wenn Sie möchten, daß sie vollkommen gesund leben, dann wird Sie dieses Buch mit dem Handwerkszeug ausrüsten, das Sie brauchen, um Ihr Ziel zu verwirklichen. Ich praktiziere seit 1982 als ganzheitlicher Tierarzt, und daher weiß ich, wie ein Tier gesund werden und bleiben kann: Stellen Sie das Futter auf ausgewogene, frisch zubereitete Nahrung um; reduzieren Sie den Streß in Ihrem Leben und im Leben des Tieres; vermeiden Sie unnötige Medikamente, Operationen und Impfungen, und lieben Sie das Tier bedingungslos. Damit ein Tierhalter solch eine gesunde Umgebung schaffen kann, bedarf es einer Menge Arbeit. Dieses wunderbare Buch, das Kate Solisti-Mattelon und Patrice Mattelon aus einer liebevollen und mitfühlenden Haltung heraus geschrieben haben, wird Sie Schritt für Schritt durch den Prozeß der Gesundung führen.

Ich traf Kate vor vielen Jahren. Zahlreiche Klienten hatten mir von ihr erzählt, da sie sie mit ihren Haustieren in meine ganzheitliche Tierarztpraxis geschickt hatte. Kate hatte mit diesen Tieren gearbeitet, besser gesagt, »kommuniziert«, und nannte ihre Tätigkeit »Intuitive Medizin für Tiere«. Man erzählte mir, daß sie den Tieren wirklich zuhören konnte und verstand, was sie dachten, fühlten und »sagten«. Darüber hinaus hatte sie offenbar ein »Gespür« dafür, unter welcher Krankheit das jeweilige Tier litt. Doch erst als eine Klientin nach einer telefonischen Beratung bei Kate ihren kranken Hund zu mir brachte, kam ich unmittelbar mit ihrer Arbeit in Berührung. Nachdem sie mit dem Tier kommuniziert hatte, war Kate davon überzeugt, daß es ein Problem mit der Milz hätte, genauer gesagt, es hätte eine ungewöhnlich große Milz. Kate machte der Besitzerin unmißverständlich klar, daß sie ihren geliebten Freund von einem Tierarzt gründlich untersuchen lassen sollte. Bedenken Sie, daß diese Beratung per Telefon geschah! Kate hatte das Tier nie gesehen oder berührt.

Als der große, schwerfällige Rottweiler meine Praxis betrat, schien er mir ein wenig abwesend. Sein Gang war ohne Spannung, Fell und Augen wirkten stumpf. Die Besitzerin brachte ihn zu mir, weil er seit etwa zwei Jahren an chronischem Durchfall litt. Ich untersuchte den 120 Pfund schweren Hund und bemerkte, daß sein Bauch sehr empfindlich war. Ich konnte keines seiner inneren Organe ertasten – was mir normalerweise möglich ist –, weil der Hund die

Bauchmuskeln zu sehr anspannte. Ich war besorgt darüber, was wohl in seinem Bauch vor sich gehen mochte. So viel Unbehagen deutet gewöhnlich darauf hin, daß etwas nicht in Ordnung ist. Am nächsten Tag untersuchte ich den Bauch per Ultraschall und entdeckte unglücklicherweise einen großen Klumpen, der auf der Milz saß! Es beeindruckte mich, daß Kate irgendwie gespürt hatte, was diesem Kerl fehlte. Wir konnten die Milz operativ entfernen und fanden Krebszellen darin, doch es war früh genug – und wir konnten den Rottweiler retten.

Mit dem Durchfall, an dem dieser Hund zwei Jahre lang gelitten hatte, schrie sein Körper um Hilfe und wies darauf hin, daß etwas wirklich Ernstes seine Gesundheit bedrohte. Das physische Gleichgewicht des Hundes war ins Wanken geraten.

Das Buch zeigt Ihnen Wege, wie Sie die Gesundheit Ihres Haustiers im Gleichgewicht halten, damit Ihrem Tier ein Leiden wie das des Rottweilers von vornherein erspart bleibt.

Nach dieser Geschichte sollte ich Kate und Patrice endlich kennenlernen. In der Zwischenzeit hatte ich erfahren, daß Kates Mann über ähnliche Fähigkeiten verfügte wie sie. Auf dem Weg zu ihnen hatte ich mir daher vorgestellt, die beiden seien von ätherischem Glanz umgeben und schwebten – mit oder ohne Flügel – einige Zentimeter über dem Boden. Doch wie ich mich täuschte! Ungeachtet ihrer besonderen Fähigkeiten wirkten Kate und Patrice vollkommen »normal«. Was mich bei unserem ersten Treffen an diesem liebevollen Paar am meisten beeindruckte, war, daß ich mich bei ihnen sofort wohl fühlte. Es war so einfach, mit ihnen zusammenzusein.

Und irgendwie ist es Kate und Patrice gelungen, dieses Gefühl des Wohlbefindens auf ihr Buch zu übertragen. Als ich dieses wundervolle Buch las, erfreute ich mich besonders an dem flüssigen Stil. Genauso wird es Ihnen hoffentlich gehen, liebe Leserin, lieber Leser, während Sie mehr darüber erfahren, wie Sie Ihr Tier mit dauerhafter Gesundheit beschenken können (und dabei werden auch Sie – ganz »nebenbei! – gesunden). Haben Sie viel Freude mit diesem Buch, und umarmen Sie Ihre vierbeinigen Freunde!

Robert Silver, D.V.M

Einführung

Unser Buch ist das Ergebnis unserer siebenjährigen Arbeit als professionelle Tierkommunikatoren. Im Laufe der Jahre erkannten wir, daß die Menschen geeignete Werkzeuge brauchen, um ihre Tiere so gesund wie möglich zu halten. Gesunde Haustiere sind besser in der Lage, ihre Mission für den Menschen, den sie lieben, zu erfüllen. Und geschulte menschliche Tierhalter können besser verstehen, wozu ihre Tiere in Wahrheit da sind. Jedem von uns nützt eine gute körperliche und seelische Gesundheit sowie ein besseres Verständnis für die sensitive Verständigung.

Unsere Geschichte

Ich, Kate, habe die Tiere mein Leben lang geliebt. Seit dem Zeitpunkt, da ich zum erstenmal das Haus verließ und der Natur begegnete, fühlte ich mich mit Tieren und Pflanzen verbunden. Meine frühesten Erinnerungen betreffen mentale Unterhaltungen mit Tieren und Pflanzen. Sobald ich sprechen konnte, erzählte ich meinen Eltern, was diese Wesen mir mitteilten. Meine Eltern erwiderten, das sei nichts als reine Phantasie. Mit drei Jahren war ich verwirrt und fühlte mich fremd. Glücklicherweise erhielt ich Hilfe. Mein Vater schenkte mir ein prächtiges rot getigertes Katerchen. Es hieß Dusty. Als ich ihn erblickte, schwoll mein Herz vor Liebe und Glück. Dusty sprach zu mir von Geist zu Geist und von Herz zu Herz. Er sagte mir, er wolle mein Leben teilen und mich die telepathische Kommunikation mit der Natur lehren. Er sagte mir auch, es sei besser, diese Dinge nicht mit meinen Eltern zu besprechen, weil sie noch nicht bereit seien, sie anzunehmen. Dies machte mich traurig, doch gleichzeitig war ich erleichtert.

Die nächsten drei Jahre waren voller Staunen, und Dusty und ich hatten wunderbare Begegnungen. Wir lauschten den Rosen, die uns ihre Liebesgeschichte mit der Sonne erzählten. Wir sprachen mit Schildkröten und erfuhren, wie sie das Wetter vorhersagen. Als ich fünf Jahre alt war, drängte mich Dusty, mich mit derselben Innigkeit auf Menschen einzulassen. Ich tat dies widerstrebend, denn die menschliche Doppelbödigkeit bereitete mir Unbehagen. Ich zog die Ehrlichkeit und Reinheit der Tiere vor! Doch dann wurde ich eingeschult. Die Schule machte mir zunehmend Spaß, und ich schloß erste Freundschaften.

Als ich eines Nachts gerade einschlief, kam Dusty zu mir und sagte: »Ich bin stolz auf dich. Du hast alles sehr gut gemacht. Ich liebe dich sehr. Unsere gemeinsame Arbeit ist nun zu Ende.« Ich schlief mit seinem Schnurren ein und fühlte, daß alles in meiner Welt in Ordnung war.

Am nächsten Tag war Dusty verschwunden, überfahren von einem Auto auf der nahe gelegenen, stark befahrenen Straße. Ohne ihn wollte ich nicht leben! Ich gab mir die Schuld an seinem Tod und erkrankte an einer schweren Angina. Man lieferte mich ins Krankenhaus ein, um die Mandeln zu entfernen, und ich bekam eine Narkose. Kurz bevor alles dunkel wurde, hatte ich das Gefühl, vom Operationstisch gehoben zu werden, und jemand wiegte mich sanft hin und her. Ich roch Dustys vertrauten Geruch und bemerkte, daß ich an weiches rotes Fell gedrückt wurde. Ich hörte: »Ich bin immer bei dir. Alles wird gut. Es ist noch nicht Zeit für dich. Du hast noch viel vor dir. Ich liebe dich.« Dann wurde alles dunkel.

Ich erwachte mit schmerzendem Hals in einem sonnigen Zimmer. Irgendwie fühlte ich mich anders. Ich akzeptierte nun Dustys Botschaft, doch ich brachte es nicht über mich, weiterhin mit Tieren und Pflanzen zu sprechen. Ohne ihn an meiner Seite tat es mir zu weh. Mit acht Jahren hatte sich daher meine Fähigkeit zu »hören« vollständig verschlossen. Endlich war ich so etwas wie ein »normales« Kind. Doch die Unterhaltungen mit Dusty konnte ich nie vergessen. Obwohl ich mich darum bemühte, wollte es mir nicht gelingen.

Ich wuchs im nördlichen New Jersey auf, besuchte verschiedene Privatschulen und ging dann ans Smith College und später an die Universität von Michigan. In meinen Zwanzigern schließlich suchte ich einen Therapeuten auf, um mich mit meiner »harten Jugend« und den üblichen Problemen auseinanderzusetzen. In der Therapie entdeckte ich einen Teil von mir, den ich »beiseite« geräumt hatte. Als ich mit diesem Teil in Berührung kam, begann ich, die Dinge anders zu empfinden, und spürte, daß meine Intuition wuchs. Schließlich hörte ich die Bäume wieder. Obwohl es mich beunruhigte, daß ich in der Außenwelt für meine Kommunikation mit den Pflanzen keine Bezugspunkte fand, fühlte es sich für meine Seele vollkommen richtig an. Ich versprach mir, meine Intuition weiter zu erforschen und zu entwickeln. Und so führte mich die Reise nach Santa Fe, wo ich alternative Heilweisen studierte und andere medial begabte Menschen traf. Zu meiner großen Freude konnte ich bald darauf auch die Tiere wieder telepathisch verstehen. Ich widmete mich der Verfeinerung dieser Fähigkeit, um den Tieren, ihren menschlichen Besitzern und unserem Planeten zu dienen. 1995 traf ich Patrice.

Patrice wuchs in Frankreich als einziger Sohn hart arbeitender Eltern auf. Weil das Geld sehr knapp war, gaben sie ihn mit zwei Monaten in ein Waisenhaus. Mit vier Jahren holten seine Eltern ihn zurück. Diese Erfahrung formte ihn zu einem unabhängigen Menschen, der auf seine Umwelt äußerst sensibel reagierte. Er lernte, feinstoffliche Hinweise in der nonverbalen Kommunikation wahrzunehmen. Mit elf Jahren erlernte Patrice das Fechten. Er war außergewöhnlich begabt, und dieser Sport verfeinerte seine Fähigkeit, die Gedanken und Bewegungen anderer zu spüren. Nach dem Wehrdienst wurde er Meister im Fechten und unterrichtete Sport. In dieser Zeit begann er, alternative Heilweisen zu studieren. Er entdeckte, daß er mit den Händen heilen konnte. 1993 empfing er mediale Botschaften zu Numerologie, Tarot und Kabbalah. Aus diesen Botschaften entwickelte er ein anspruchsvolles und doch einfaches Werkzeug für sein persönliches und spirituelles Wachstum, das er mit Menschen teilte, die ihr Leben verändern sowie glücklich und ausgeglichen werden wollten.

Als wir uns 1995 kennenlernten, hatte Patrice kaum jemals Kontakt zu Tieren gehabt. Im Laufe unserer Zusammenarbeit entdeckte er jedoch, wie sehr die Tiere auf seine sanften, heilenden Berührungen reagierten. Wenn wir mit Menschen und ihren Tieren arbeiten, stimmt sich Patrice auf die Menschen ein, während ich die Tiere »dolmetsche«. Zusammen helfen wir den Menschen zu verstehen, wie ihre Tiere sie spiegeln. Wir lehren sie außerdem, wie sie ihre Tiere ganzheitlich versorgen und ernähren können. Wir bringen sie mit ganzheitlich arbeitenden Tierärzten und Therapeuten zusammen. Wir schlagen ihnen Methoden vor, mit deren Hilfe sie persönlich wachsen können. Wir empfinden es als Segen, unsere Fähigkeiten dafür einsetzen zu dürfen, daß Menschen und ihre Tiere ihr Gleichgewicht finden und ein Bewußtsein dafür entwickeln, wie sie einander helfen können.

Dieses Buch faßt die Informationen zusammen, die wir unseren Klienten in Einzelberatungen, Vorträgen und Seminaren vermitteln.

Wie Sie mit diesem Buch arbeiten können

Wir möchten in diesem Buch die Theorie und deren praktische Umsetzung so einfach vermitteln, daß sie problemlos angewandt und weiterentwickelt werden kann. Dieses Buch ist ein Anfang. Wenn Sie sich danach richten, werden Sie und Ihr Tier sich bald besser fühlen, und die Verständigung zwischen den Arten wird sich vertiefen. Wenn Sie sich noch tiefer mit der Materie befassen wollen, finden Sie im Anhang hilfreiche Adressen und Literaturhinweise.

Durch unser Buch können menschliche Tierhalter verstehen lernen, daß Haustiere ebenso wie Menschen ein *körperliches, emotionales* und *spirituelles* Gleichgewicht brauchen. Wir werden daher über die Bedürfnisse der Tiere sprechen und dem engagierten Tierbesitzer erklären, wie er diese erfüllen kann. Das erste Kapitel, »Ausgeglichenes Verhalten durch natürliche Erziehung«, zeigt auf, wie wir uns völlig neu oder vielleicht auf jene uralte Art auf unsere Tiere beziehen können, die diese von ihren Müttern erlernen. Wenn wir verstehen, wie Tiere ihre

Welt und uns Menschen wahrnehmen und darauf reagieren, können wir viele Mißverständnisse vermeiden, die zu »Verhaltensproblemen« führen.

Kapitel zwei, »Kommunikation zwischen den Arten«, führt Sie in die telepathische Kommunikation ein, in eine Methode, die es möglich macht, daß wir von Geist zu Geist und von Herz zu Herz mit unseren Tieren kommunizieren. Darüber hinaus helfen wir Menschen, den Tod ihres Haustiers anzunehmen, indem wir erklären, wie Tiere das Sterben wahrnehmen und was wir vom Hinüberscheiden unseres Tieres lernen können. Tiere sind immer mit dem Geist, der Quelle, Gott, dem Schöpfer verbunden. Weil sie nicht – wie viele von uns – davon getrennt sind, können sie uns lehren, spirituelles Bewußtsein zu entwickeln, und uns helfen, unsere Seelen mit bedingungsloser Liebe zu heilen.

Im dritten Kapitel, »Der Körper im Gleichgewicht dank guter Nahrung«, geben wir wertvolle Informationen, die nur selten durch schulmedizinisch ausgebildete Tierärzte und Bücher mit ähnlichem Hintergrund vermittelt werden. Neben der Ernährungslehre finden Sie einfache Rezepte, Nahrungsergänzungen und bewährte Methoden, mit denen jeder die Gesundheit und das Wohlbefinden seines Haustiers sofort steigern kann. Der erste Schritt in jedem Heilungsprogramm ist die richtige Ernährung.

Im vierten und letzten Kapitel, »Bach-Blütenessenzen für ein ausgeglichenes Gemüt«, möchten wie Ihnen schließlich dieses außergewöhnliche Heilsystem nahebringen, das Ihren Tieren hilft, ruhig, glücklich und zentriert zu bleiben, schneller gesund zu werden, sich Veränderungen anzupassen und noch vieles mehr. Denn der zweite Schritt zur Gesundheit ist ein ausgeglichenes Gefühlsleben.

Dieses Buch kombiniert praktische und spirituelle Informationen so, daß sie leicht umgesetzt werden können. Wir glauben fest daran, daß eine ganzheitliche Heilung, die Wege zum körperlichen, emotionalen und spirituellen Wohlbefinden verbindet, die Antwort für unsere Tiere wie auch für uns selbst ist. Wenn Sie lernen, diese Werkzeuge zum Wohle Ihrer Haustiere anzuwenden, denken Sie dabei hoffentlich auch an sich! Sollte Sie dieses Buch auf den Weg der ganzheitlichen Gesundheit führen, dann werden Ihre Tiere Sie im Gegenzug dabei unterstützen. Der Kreis schließt sich.

Wir hoffen, daß die hier gegebenen Informationen Ihnen weiterhelfen. Alle Tips und Ratschläge in diesem Buch sind von den vielen vierbeinigen Klienten, mit denen wir im Laufe der Jahre gearbeitet haben, ausprobiert worden, und die Ergebnisse waren durchweg positiv. Die Tiere haben uns gelehrt, was sie brauchen, und uns geholfen, die Menschen Verständnis zu lehren. Um der Hunde, Katzen und Pferde in Ihrem Leben und um Ihres eigenen Reichtums willen mögen Sie viel Freude aus diesem Handbuch ziehen!

1

Ausgeglichenes Verhalten durch natürliche Erziehung

Gleichgewicht und Harmonie beginnen mit gegenseitigem Verständnis. Um Ihren Hund, Ihre Katze oder Ihr Pferd und deren Verhalten zu verstehen, sollten Sie wissen, wie Tiere denken und wie sie die Welt, in der wir gemeinsam leben, wahrnehmen.

Hunde

Hunde sind wie die Wölfe, von denen sie abstammen, Rudeltiere. Rudeltiere richten sich streng nach der Hierarchie. Einer im Rudel oder in der Familie muß das »Alphatier« sein und die Verantwortung tragen. Das Alphamännchen oder Alphaweibchen leitet das Rudel, frißt zuerst, entscheidet, ob eine Situation oder ein Ort sicher ist, wählt den Lebensraum, organisiert die Jagd und gibt die Befehle. Unter dem Alphapaar steht ein »Betaweibchen«, das als »Tante«

oder oberste »Babysitterin« der Jungen fungiert, wenn die Mütter und Väter nach Futter jagen. Auf ihrer Ebene oder knapp darunter sind die anderen Jugendlichen einzuordnen. Meist steht ein Männchen, das »Omegatier«, am Ende der Hackordnung. Zum Schluß kommen die Welpen. Das Rudel funktioniert energetisch wie ein geschlossenes Dreieck:

Im Sozialgefüge des Dreiecks herrscht Geborgenheit, und jeder einzelne wird für seinen Beitrag zum Ganzen geschätzt. Die Struktur sorgt für Sicherheit und eine effektive Jagd, für Harmonie und Gleichgewicht, damit jedes Tier zufrieden und sein Überleben gesichert ist.

Wenn ein Hund mit einem oder vielen Menschen zusammenlebt, ist es äußerst wichtig, daß ein Mensch das »Alphatier« im »Rudel« ist. Das menschliche »Leittier« muß stets darauf achten, mit den ihm anvertrauten Hunden respektvoll umzugehen, damit die Tiere nicht gedemütigt und in der Folge aggressiv werden. Der Mensch muß immer klare Botschaften geben, sonst wird der Hund ihn nicht als Leittier akzeptieren. Im Wolfsrudel ist der Führer stark, direkt und unbeirrbar. Seine Aufgabe ist es, für Sicherheit, Vertrauen und Kooperation unter allen Mitgliedern des Rudels zu sorgen. Jedes andere Verhalten entspricht einem Alphatier einfach nicht. Wenn der Mensch kein geeignetes Leittier ist, muß jemand anderes diese Aufgabe übernehmen, und das ist in diesem Fall der Hund. Er kann dann aggressiv und tyrannisch werden, Gebote mißachten, Futter, Spielzeug und Kleidung stehlen und Gegenstände zerstören. Ein unklarer Mensch kann einen Hund unsicher machen, was sich in scheuem, ängstlichem Verhalten oder gar Angstbeißen ausdrückt. Wie ein Hund sein Unbehagen über diesen Mangel an Autorität zeigt, hängt vom einzelnen Tier, von der Rasse und von seinen früheren Erfahrungen ab.

Sie müssen ein gütiges Leittier sein, wenn sie eine glückliche, friedliche Hundefamilie wollen. Seien Sie nicht nur unbeirrbar, klar und direkt mit Ihrem Hund, sondern achten Sie ihn als Freund und Lebensgefährten. Schaffen Sie klare Regeln, und halten Sie sich daran. Zugunsten der Sicherheit aller sollten Sie ihm einige grundlegende Kommandos wie »Sitz! Stop! Platz! Komm!« beibringen. Vermeiden Sie spezielle Hundetrainings beziehungsweise -trainer und Techniken, die mit Angst, Dominanz und Kontrolle arbeiten. Das Konzept des Leittiers wurde in den

Köpfen einiger Menschen in die Erlaubnis umgedeutet, Tiere zu mißhandeln. Als Erziehungsmittel sind Würge- und Stachelhalsbänder, Anbrüllen oder »Alpharollen« nicht akzeptabel (Anm. d. Übers.: Bei einer Alpharolle wirft der Trainer einen älteren Hund auf den Rücken, um damit seine Dominanz zu zeigen). Daß man Welpen nicht von der Leine baumeln läßt, versteht sich hoffentlich von selbst. Halten Sie einen Augenblick inne, und überlegen Sie, wie Sie auf einen Menschen, den Sie lieben, reagieren würden, wenn er Sie so behandelte. Glücklicherweise gibt es lichtvollere Erziehungsmittel, die auf Freude und Partnerschaft statt auf Dominanz und Kontrolle bauen. Wenn Sie Ihren Hund respekt- und liebevoll behandeln, wird Ihr Hund Sie ebenfalls respektieren, sich sicher fühlen und ein gutes Rudelmitglied sein.

Bevor Sie sich einen Welpen oder einen neuen Hund anschaffen, sollten Sie das Buch *The Tao of Bow Wow* von Deborah Wood lesen. Wir kennen kein besseres Buch über das Thema, wie Sie langfristig eine liebevolle, von Respekt getragene Partnerschaft zu einem Hund aufbauen und positive Trainingstechniken erlernen können. Wenn Sie nur ein einziges Erziehungsbuch kaufen möchten, sollte es genau dieses sein.

»Mutter weiß es am besten!« Welpen orientieren sich instinktiv an ihrer Mutter. Wenn Sie beobachten, wie sich eine Hundemutter mitteilt und dieses Verhalten kopieren, wird Ihr Welpe schnell und willig von Ihnen lernen. Die Mutter erregt die Aufmerksamkeit ihres Welpen, um ihm die Rudelregeln, seine Grenzen und sicheres Verhalten beizubringen. Dabei geht es nicht um Drill oder Züchtigung. Wenn Sie die Techniken der Hundemütter ein- oder zweimal wirksam einsetzen, sollte dies normalerweise bereits ausreichen, um das störende Verhalten eines Hundes zu ändern. Die Hundemutter ist bis zu einem gewissen Grad geduldig. Wenn sie die Aufmerksamkeit ihres Welpen erregen will, blickt sie ihn an und knurrt, doch wenn er darauf nicht reagiert, wirft sie ihn mit der Pfote auf die Seite. Sie bewegt sich rasch und entschlossen, wenn ihre Jungen nicht gehorchen. Sie bestimmt die Regeln. Auf jede Ursache folgt eine Wirkung.

Wie können Sie die Techniken der Hundemütter nutzen?

Erster Schritt: Eine tiefe Stimme und Augenkontakt kündigen die Handlung an.

Zweiter Schritt: Wenn der Welpe nicht reagiert, legen Sie ihn sanft, aber bestimmt auf die Seite. Halten Sie ihn unten, schauen Sie ihm in die Augen, und sagen Sie mit tiefer Stimme: »Nein!« Wenn der Welpe wegschaut, sich entspannt und fiept, lassen Sie ihn los. Es ist ein gutes Zeichen, wenn er sich auf den Rücken wirft und Ihnen die Kehle bietet, nachdem Sie ihn auf die Seite gelegt haben. Er zeigt Ihnen damit, daß er Sie als Chef respektiert. Streicheln Sie ihn, und ziehen Sie ihn von dem Gegenstand weg, mit dem er nicht spielen soll. Sagen Sie ihm mit höherer Stimme, daß alles in Ordnung ist, und lassen Sie ihn am richtigen Ort mit dem richtigen Spielzeug spielen. Sobald der Welpe wieder ungehorsam wird, knurren Sie erneut und legen ihn auf die Seite.

Fragen Sie sich, ob es nicht klüger ist, teure Vorhänge hochzustecken oder zu entfernen, als Ihren Welpen davon abzuhalten, am Stoff zu zerren. Wir erwarten von menschlichen Babys auch nicht, daß sie von verbotenen Schubladen oder teuren Möbeln wegbleiben. Statt dessen sichern wir die Schränke mit Schlössern und richten in unseren Wohnungen spezielle Spielecken ein. Welpen und junge Kätzchen brauchen dieselbe liebevolle Rücksichtnahme.

Sie könnten Ihren Welpen beispielsweise so erziehen: Nehmen wir an, Ihr zehn Wochen alter Welpe hat gerade Ihren Lieblingspantoffel zerbissen.

Schritt eins: Nehmen Sie den Pantoffel hoch, schauen Sie den Hund streng an, und sagen Sie mit tiefer Stimme: »Nein, nein!« Geben Sie Ihm sofort ein Spielzeug, das er zerbeißen darf, lächeln Sie, und sagen Sie mit höherer, freundlicher Stimme: »Guter Hund, darauf darfst du beißen!« Ermutigen Sie ihn, nach dem Spielzeug zu schnappen oder daran zu kauen, oder spielen Sie Tauziehen.

Schritt zwei: Nehmen Sie sich einen Augenblick Zeit, um mit dem Spielzeug zu spielen, damit Ihr Hund eine körperliche und möglichst auch verbale Belohnung für richtiges Verhalten erhält. Meist reicht diese einfache Vorgehensweise aus, um Ihrem Welpen klarzumachen, welches Verhalten Sie wünschen und welche Regeln er befolgen soll.

Gewöhnlich hören junge und auch ältere Hunde,

die neu in eine Familie kommen: »Nein, nein, nein! Du darfst den Pantoffel nicht zerbeißen! Pinkel nicht auf den Teppich!« Der Hund hört »Pantoffel« und »Teppich« und nimmt viele Emotionen wahr, ohne zu begreifen, was eigentlich gemeint ist. Es macht einen großen Unterschied, ob Sie Ihrem *Hund sagen, was Sie von ihm wollen,* oder ob Sie ihm nur sagen, was Sie *nicht* wollen. Drücken Sie sich möglichst immer positiv aus. Ihr Hund wird schnell lernen, wenn Sie ihm positive Ziele vorgeben.

Denken Sie daran, daß Ihr Hund ein Hund ist und kein Mensch. Als Hund bezieht er sich anders auf die Welt als Sie. Versuchen Sie, die verschiedensten Situationen aus seiner Perspektive wahrzunehmen. Üben Sie, klare, positive Botschaften zu geben, die Ihr Hund verstehen kann. Dann werden Sie Ihren Hund besser verstehen und ihn leichter erziehen können. In Kapitel zwei finden Sie weitere Informationen über die Kommunikation zwischen den Arten.

Wenn es schon passiert ist

Einige Hundetrainer sind der Meinung, daß Sie Ihren Hund nur dann erziehen können, wenn Sie ihn »in flagranti« erwischen. Andere meinen, Sie müßten »seine Nase in den Dreck tunken«, den er verursacht hat. Aus der Sicht des Hundes macht keine dieser Methoden Sinn.

Beginnen wir damit, was Sie tun sollten, wenn Sie

nach Hause kommen und den zerkauten Pantoffel finden, während der Hund in einem anderen Zimmer friedlich schläft. Hunde verstehen Ursache und Wirkung. Ihre Mütter lehren sie dies von Anfang an. Es ist wichtig, das Tier darauf hinzuweisen, daß die Hausregel gebrochen wurde. Zeigen Sie Ihrem Hund den Pantoffel, und handeln Sie wie oben beschrieben. Da Ihr Hund Sie versteht, ist es wenig wahrscheinlich, daß er noch einen Pantoffel zerbeißen wird. Wenn Sie ihn jedoch nicht deutlich auf die Regel hinweisen, sondern nur Ihre Unzufriedenheit zeigen, wird er Sie nicht verstehen können. Er nimmt wahr, daß Sie unglücklich sind, versteht aber nicht, warum, denn die Kommunikation ist unklar. Er wird wahrscheinlich so lange weitere Pantoffeln zerbeißen, bis Sie ihm deutlich machen, daß dies falsch ist. Wenn Sie den Hund nur deshalb nicht zurechtweisen, weil Sie ihn nicht in flagranti erwischt haben, kann er unmöglich lernen, sich richtig zu verhalten.

Die Nase Ihres Hundes in Fäkalien oder Urin zu tunken, ist grausam und demütigend. Haben Sie jemals erlebt, daß Hunde so miteinander umgehen? Wenn Sie den verschmutzten Teppich vorfinden, holen Sie Ihren Hund, damit er riechen kann, was Sie meinen. *Denken Sie daran, daß Ihr Hund die Bescherung auch dann gut riecht, wenn Sie seine Nase nicht hineindrücken!* Sagen Sie: »Nein, nein!« Führen Sie ihn hinaus, und zeigen Sie ihm, wo er sein Geschäft verrichten soll. Wenn Sie gleichzeitig seine Fäkalien hinaustragen können, tun Sie das, und legen Sie diese an den Ort, von dem Sie wünschen, daß er sein Geschäft dort erledigt. Streicheln Sie den Hund, und sagen Sie ihm, daß Sie wissen, daß er das nächste Mal hinausgehen wird, wenn er sich erleichtern muß.

Anmerkung: Wenn ein eigentlich stubenreiner Hund plötzlich in die Wohnung macht, ist er körperlich oder emotional aus dem Gleichgewicht geraten. Suchen Sie einen Tierarzt auf, der den Hund zuerst einmal auf Blasen- oder Nierenprobleme untersuchen sollte. Wenn es kein körperliches Problem gibt, dann handelt es sich wahrscheinlich um ein seelisches. Gab es Veränderungen im Haus wie einen neuen Bewohner, einen neuen Hund, eine Katze oder neue Möbel? Stehen *Sie* unter Streß, oder fühlen Sie sich »beschissen«? Wir haben oft erlebt, daß Tiere aus ganz bestimmten Gründen ins Haus machen. Manchmal markiert der Hund aus Unsicherheit sein Territorium, weil die Familie in ein neues Haus gezogen ist, in dem früher andere Tiere gelebt haben. Zuweilen agiert ein Hund auch den Streß seines Besitzers aus, den dieser selbst gar nicht wahrnimmt. Indem Sie versuchen, wie ein Hund zu denken, können Sie leichter verstehen, warum er sich auf eine Weise verhält, die Ihnen unangemessen erscheint. Lesen Sie Kapitel vier über die Bach-Blütenessenzen, um Ihr Tier bei Gefühlsschwankungen zu unterstützen.

Katzen

Katzen sind von Natur aus Einzelgänger. Sie sind überhaupt keine Rudeltiere. Ihre Vorfahren lebten in der Wüste, jagten allein und kamen nur zur Paarung zusammen. Trotzdem sind Katzen ausgezeichnete Mütter. Sie gehen zärtlich, liebevoll und sehr körperlich mit ihren Jungen um. Die energetische Struktur der Katzen ist völlig anders als das Dreieck des Wolfsrudels. Am Anfang eines Katzenlebens besteht die Welt nur aus der Mutter:

Sobald die Kätzchen nicht mehr gesäugt werden, brechen die »Jugendlichen« auf und gehen als Einzelgänger in die Welt hinaus:

Wenn nötig, können sich »Hauskatzen« an das Leben in einer Familiengruppe anpassen, etwa wie ein Löwenrudel, das sich aus Ernährungs- und Sicherheitsgründen zu einer Gemeinschaft zusammenschließt:

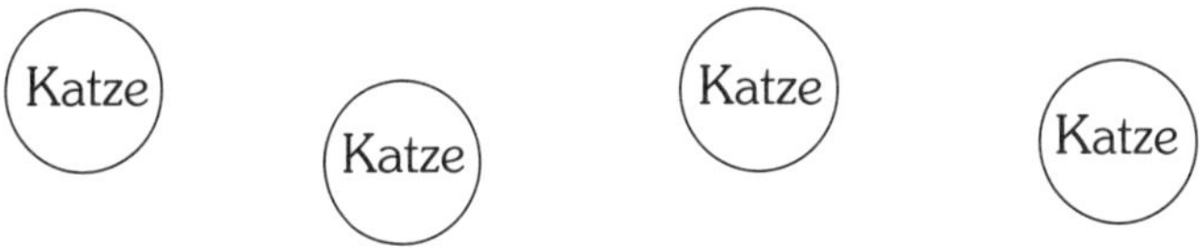

Diese Anpassung ist für einige Katzen nicht immer einfach oder angenehm. Wenn es Ihrer Katze schwerfällt, harmonisch mit anderen Katzen zusammenzuleben, stellen Sie zuerst einmal fest, ob sie bei guter Gesundheit ist. Eine unausgewogene Ernährung kann eine Katze reizbar und verletzlich machen oder Kämpfe unter Katzen auslösen. Wenn Sie Ihre Katze auf ein gutes, *hausgemachtes* Futter umstellen und es nach einem Monat mit dieser Ernährung immer noch Konflikte gibt, probieren Sie es mit den Bach-Blütenessenzen. Wenn auch diese nicht helfen, kann es die betreffende Katze vielleicht einfach nicht ertragen, so eng mit anderen Katzen zusammenzuleben. Auch wenn es Ihnen weh tut, Sie sollten für das Tier ein neues Zuhause finden, in dem es dann die einzige Katze ist.

Kätzchen sind ihrer Mutter gegenüber sehr aufmerksam und zehren ihr Leben lang von deren Belehrungen. Katzen wissen zum Beispiel instinktiv, wie man Mäuse fängt, doch wenn die Mutter ihnen nicht beibringt, wie man eine Maus tötet und frißt, werden sie damit sicherlich Schwierigkeiten haben.

Im Gegensatz zur allgemeinen Auffassung können Sie Ihre Katze durchaus »erziehen«. Der erste Schritt besteht darin, Ihre Rolle als »Mutter« oder »Vater« einzunehmen. Dies ist bei einer jungen Katze ganz einfach. Wie Sie aus dem obigen Diagramm ersehen können, besteht die Welt einer jungen Katze ausschließlich aus ihr selbst und ihrer Mutter. Anders als Hunde, die sich im Laufe ihres Lebens auf alle Mitglieder des »Rudels« beziehen, kennen Katzen nur ihre Mutter und leben nach der Entwöhnung als Einzelgänger. Deshalb ist es einfacher, eine junge Katze zu erziehen, die noch auf die Beziehung zur Mutter ausgerichtet ist.

Die Erziehungsmethoden einer Katzenmutter sind denen der Hundemütter ähnlich. Doch während Hundemütter dabei auch die Stimme einsetzen, geschieht die Erziehung bei Katzenmüttern rein auf der körperlichen Ebene. Wie die Hundemutter legt auch die Katzenmutter ihr Junges »flach«. Werden beispielsweise Tigerjunge zu übermütig, drückt die Tigermutter das wilde Junge mit ihrer großen Pranke so lange zu Boden, bis es vollkommen still liegt. Dann läßt sie es wieder los. Sie nimmt das Junge am Nackenfell und trägt es weg, wenn es an einem Ort ist, an dem es nicht sein sollte. Die Jungen verstehen schnell.

Wie können Sie dieses Verhalten in eine Kommunikation zwischen Mensch und Katze übersetzen? Ein Beispiel:

Patrice und ich besuchten eine Klientin mit einem acht Wochen alten Kätzchen. Das Tier tat, was es wollte, kletterte die Sofalehnen hoch, sprang in Topfpflanzen und so weiter. Dieses Verhalten ist jedoch – wenn überhaupt – nur dann süß, wenn ein Kätzchen acht Wochen alt ist. Bei einer erwachsenen Katze wäre solch ein Benehmen inakzeptabel. Es ist entscheidend, der Katze Grenzen zu setzen, wenn sie noch jung ist. Dabei ist zu beachten, daß ein Kätzchen verbale Kommandos vollkommen ignorieren wird, weil die Katzenmutter durch Berührung lehrt. Doch es macht wenig Sinn, wenn Sie Ihr Kätzchen einfach nur schubsen oder gar schlagen. Sie müssen die Berührung der Mutterkatze nachahmen.

Mit Erlaubnis der Klientin zeigte ich ihr folgendes: Als das Kätzchen zu der Pflanze zurückkehrte, von der es schon viermal vertrieben worden war, nahm ich es am Nackenfell hoch und sagte mit tiefer Stimme: »Nein!« Sobald ich das Tier am Nackenfell hielt, erschlaffte es vollständig. Jetzt war es aufmerksam! Ich legte das Kätzchen auf den Boden, und es blieb bewegungslos liegen. Ich erklärte ihm, daß es nur auf dem Boden spielen dürfe, und produzierte ein entsprechendes mentales Bild. Als ich das Gefühl hatte, es habe mich verstanden, streichelte ich es seitlich vom Kopf bis zum Schwanz. Dies zeigte ihm die »Erlösung«, es sprang sofort auf und fing wieder an zu spielen. Alle Menschen im Zimmer waren beeindruckt. Ich wandte einfach nur die Erziehungsmethoden der Katzenmutter an. Das Streicheln des Körpers vom Kopf bis zum Schwanz ist eine menschliche Version der Zunge der Katzenmutter, die damit Liebe und Anerkennung ausdrückt.

Es ist sehr wichtig, daß Sie Ihr Kätzchen so »erziehen«. Denn wenn Sie »Ihren Job vernachlässigen« und die Katze keine Grenzen lehren, werden Ihre Möbel und Gardinen die Konsequenzen tragen. Manche Leute lassen einer Katze dann die Krallen entfernen (beim Menschen würden das dem Kürzen der Finger bis zum ersten Glied entsprechen), geben sie ins Tierheim oder tun noch Schlimmeres. Dabei trägt der Mensch die Schuld und nicht die Katze. Er hat als »Mutter« versagt, doch die Katze bezahlt den Preis.

Katzen sind lernfähig, doch sie tun auch, was sie wollen. Sie werden keinen Erfolg haben, wenn sie von ihrer Katze militärischen Gehorsam fordern, wählen Sie deshalb die Grenzen weise und vernünftig. Wenn sie die Einhaltung zu vieler Regeln fordern, machen Sie sich und Ihre Katze unglücklich. Katzen lieben es, unsere »Knöpfe zu drücken«. Ihr Geschenk an Sie ist jedoch, daß Sie lernen, sich zu entspannen und »mit dem Strom zu schwimmen«. Freuen Sie sich an dem freien Geist, mit dem Sie zusammenleben.

Katzen sind von Natur aus neugierig. Unser Kater Azul glaubt, daß alles, was in unserem Haus neu ist, nur seiner persönlichen Unterhaltung diene. Dazu zählen Einkaufstüten, Möbel, neue Kleider, Bettwäsche, Schachteln, Pflanzen und Blumen. Azul liebt Blumen. Zuerst entmutigte ich ihn immer wieder, auf den Tisch zu springen, um an den Blumen zu riechen oder sie zu fressen. Wenn wir aus dem Haus gingen, brachte ich die Vase ins Badezimmer und schloß die Tür, um keine zerbrochenen Gefäße und verstreuten Blumen zu riskieren. Patrice hatte eine bessere Idee. Als ich das nächste Mal Blumen mitbrachte, nahm Patrice den Strauß und hielt ihn Azul zum Riechen hin. Interessiert und entzückt schnupperte Azul an den Blumen. Wir verboten ihm, sie zu fressen, denn einige Blumen und Pflanzen sind giftig. Bald hatte er genug von dem Strauß und ging davon. Wir zeigten ihm, wo wir die Blumen hinstellten, und baten ihn, sie in Ruhe zu lassen. Er sprang daraufhin nie wieder auf den Tisch, um die Blumen zu »erforschen«.

Weil Katzen gern an Grünzeug knabbern, ist es gut, »Katzengras« anzupflanzen, wobei es sich meist um Hafer- oder Weizengras handelt. Ihre Zimmerpflanzen sind dann weitgehend sicher. Achten Sie trotzdem darauf, daß Sie keine giftigen Pflanzen im Haus haben. Fragen Sie bei einer Beratungsstelle nach einer Liste giftiger Pflanzen, die Haustieren oder auch Kindern gefährlich werden können. Katzengras gibt es in den meisten Tiergeschäften. Kaufen Sie möglichst biologisches.

Wenn Sie möchten, daß die Katze Ihre Regeln befolgt, werden Sie sie oft wiederholen müssen. Mit einer besonders herausfordernden Katze müssen Sie vielleicht auch strenger sein.

Wann immer unser »jugendlicher« Kater Azul beschloß, auf den Küchenschränken spazierenzugehen, hob ich ihn herunter und sagte: »Nein, bitte bleib auf dem Boden.« Er ignorierte mich. Patrice ging ihn direkter an. Als Azul auf den Schrank sprang, knurrte Patrice seinen Namen und schnellte auf ihn zu. Azul hopste miauend vom Schrank und legte sich unterwürfig auf die Seite. Patrice hockte sich über ihn und sagte mit tiefer, »drohender« Stimme: »Bleib unten!« Azul hörte rasch auf Patrice und reagiert überhaupt viel besser auf uns, wenn wir knurren oder rasch auf ihn zuspringen, wenn er etwas tut, wovon er weiß, daß er es nicht tun sollte. *Körperliche Aktion wirkt viel besser als verbale Zurechtweisung.*

Eine Katze zeigt ihre Unterwürfigkeit, indem sie sich auf die Seite rollt. Das zeigt Ihnen, daß sie Ihnen zuhört und daß sie versteht, daß Sie unzufrieden mit ihr sind. Vergessen Sie dann nicht ihr zu sagen, was Sie von ihr erwarten. Wenn Sie die Botschaft überbracht haben, sprechen Sie freundlich, streicheln Sie das Tier, und zeigen Sie ihm, daß Sie es lieben und nicht mehr böse mit ihm sind.

Wenn eine Katze jung zu Ihnen kommt, können Sie im allgemeinen leicht eine gute Beziehung zu ihr aufbauen. Schneiden Sie ihr die Krallen, wenn sie jung ist, damit sie sich so früh wie möglich daran gewöhnt, doch sagen Sie es ihr *vorher*. Für Azul macht dies einen großen Unterschied. Wenn ich ihn darüber informiere, daß ich seine Krallen schneiden will, ist er viel kooperativer.

Katzen haben sehr empfindliche Energiefelder, und vieles, was wir tun, verletzt ihren Raum. Wenn Ihre Katze vor Ihnen oder anderen wegläuft, bleiben Sie ruhig und sanft. Laufen Sie nicht hinterher, sondern warten Sie, bis sie zu Ihnen kommt. Wenn das Tier Schlimmes erlebt hat, gibt es Bach-Blütenessenzen, die sehr gut helfen. Seien Sie geduldig, freundlich und liebevoll. Füttern Sie sie mit guter Nahrung, und Sie können sich an einer glücklichen, ausgeglichenen Katze erfreuen.

In der Wohnung oder draußen?

Es wird häufig darüber diskutiert, ob man Katzen erlauben soll, allein draußen umherzulaufen. Rein statistisch gesehen haben Katzen, die unbeaufsichtigt draußen sind, ein viel kürzeres Leben als Tiere, die sich nur in der Wohnung aufhalten. Wir haben bei unserer Arbeit mit Katzen herausgefunden, daß die Tiere unterschiedlich gerne draußen sind. Einige Katzen würden lieber sterben, als sich auf das Haus zu beschränken. Andere lieben die Sicherheit der Wohnung. Viele sind neugierig und fasziniert von der Natur, begierig, Abenteuer zu erleben, und gleichzeitig ängstlich. Einige kennen sich auf der Straße aus und haben einen gesunden Respekt vor den Gefahren draußen. Andere haben keine Ahnung, was dort auf sie zukommt.

Wir glauben, daß die ideale Lösung darin besteht, in der Nähe der Wohnung ein Gehege zu schaffen, aus dem die Katze nicht weglaufen kann, mit Baumstämmen und interessanten Objekten zum Kratzen, wo die Katze die natürlichen Gerüche, den Wind und die Vögel genießen kann. Sie ist dort geschützt vor Gefahren, und die in der Natur lebenden Tiere sind vor der Katze sicher. Wenn Sie Ihre Katze einfach rauslassen, müssen Sie damit rechnen, daß sie eines Tages nicht mehr zurückkehrt. Seien Sie verantwortlich, und lassen Sie das Tier kastrieren oder sterilisieren. Wir haben außerdem herausgefunden, daß die Tiere in der Natur es zu schätzen wissen, wenn sie gewarnt werden, bevor die Katze herauskommt.

Ich mache das mental, indem ich einen Warnruf aussende, der etwa so lautet: »Achtung, Achtung! Die Katze kommt!« Ich bitte Azul, andere Lebensformen zu respektieren und auf seine Sicherheit zu achten.

Wir fanden auch heraus, daß Katzen, die eine starke Bindung an Menschen haben und ihren Besitzern helfen, gesund und heil zu werden, im allgemeinen weniger daran interessiert sind, nach draußen zu gehen. Die Natur repräsentiert ihre wilde Natur und lenkt den Fokus auf ihr körperliches Raubtierdasein. Im Haus zusammen mit einem bewußten Menschen wird der Fokus eher auf das höhere Selbst, die spirituelle Natur der Katze gelenkt. Je mehr Sie anerkennen, daß Ihre Katze ein Freund auf gleicher Ebene, ja sogar ein Lehrer und Führer ist, um so wahrscheinlicher wird es, daß das Tier Zeit mit Ihnen im Haus verbringen will. Wir raten zu einer ausgewogenen Entscheidung. Beachten Sie alle Faktoren. Was ist das Beste für Sie, für Ihre Katze, für die Nachbarn und die Tiere draußen? Sind Sie bereit, die Verantwortung für verletzte Wildtiere, verletzte Katzen oder zerstörtes Eigentum zu tragen? Akzeptieren Sie den Raubtiercharakter Ihrer Katze und/oder ihr frühes Dahinscheiden? Ist es Ihnen möglich, dem Tier draußen einen sicheren Ort zur Verfügung zu stellen? Wir raten Ihnen, sorgfältig nachzudenken und sich zum höchsten Wohle aller Wesen zu entscheiden.

Pferde

Pferde sind Herdentiere. Obwohl die Herde einem Rudel gleicht, gehören Pferde zu den Beutetieren und nicht, wie Hunde und Katzen, zu den Raubtieren. Den Beutetieren gibt die Herde Sicherheit und Schutz. Sie ist die Grundlage aller Beziehungen. Wie im Rudel gibt es auch in der Herde eine Hierarchie. Doch im Gegensatz zum Wolfs- oder Hunderudel wird die Herde nicht von einem Alphapaar geführt, sondern von einer Leitstute. Diese entscheidet, wohin die Herde zieht, wer zuerst frißt und trinkt und wessen Fohlen zuerst fressen und trinken. Sie entscheidet über die »Hackordnung«. Der Hengst hält Wache und sorgt für die Fortpflanzung. Seine Hauptaufgabe besteht darin, die Stuten zu bespringen und Angriffe von anderen Hengsten abzuwehren. Wenn nötig, wird er die Herde auch verteidigen. Doch alle größeren und auch einige kleinere Entscheidungen in bezug auf die Herde trifft die Leitstute.

Energetisch kann man eine Pferdeherde als kleine Kreise in einem großen Kreis betrachten (siehe Abbildung nächste Seite).

Wie im Rudel bietet die Herdenstruktur Sicherheit und Schutz. Ähnlich den Katzen hat jedes Pferd sein sensitives Energiefeld, das es schützt. Die Leitstute verbindet alle Tiere mit einem Energiekreis, wodurch die Herde geschützt wird, während Gefahren in der Umgebung sensibel wahrgenommen werden.

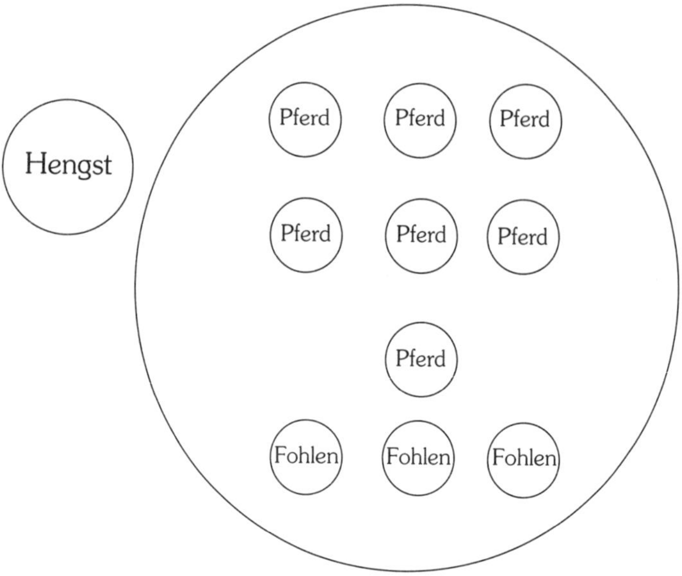

In der Sozialstruktur ihrer Herde lernen Pferde Achtung und Vertrauen. Die Erfahrung von Nähe läßt mit der Zeit engere Bindungen entstehen, wodurch sich eine als angenehm empfundene Hierarchie herausbildet. Wenn ein Mensch weniger als sechs Stunden in der Woche mit seinem Pferd verbringt, wird das Tier diesen Menschen kaum als Mitglied der Herde oder Familie akzeptieren. Wenn sich ein Mensch seinem Pferd wie ein Raubtier nähert, es kontrolliert, kommandiert und dominiert, wird es ihm nicht vertrauen, und damit entsteht ebenfalls keine Bindung. Das Pferd mag die dominierende Kontrolle des Menschen hinnehmen, doch Liebe und Achtung wird in solch einer Beziehung kaum aufkommen. Andererseits wird sich bei einem freundschaftlichen Umgang zwischen Mensch und Pferd eine Partnerschaft entwickeln, die dem Miteinander in einer Herde gleicht. Dies ist die ideale Voraussetzung für eine fruchtbare Zusammenarbeit.

Eine Beziehung, die sich auf Vertrauen und Partnerschaft gründet, ist nicht nur eine erfreuliche Alternative zu Dominanz und Kontrolle. Neben einer guten Zusammenarbeit ist diese Form der Beziehung die Grundvoraussetzung für den wichtigen Aspekt der Sicherheit. Alle Mitglieder einer Herde »beschützen« einander. Wenn ein Pferd seinen menschlichen Reiter als Mitglied seiner Herde oder Familie anerkennt, dann wird es auch ihn beschützen. Ich will ein Beispiel erzählen.

Eine unserer Klientinnen besitzt ein 1,70 Meter hohes Military-Pferd, ein bildschönes Tier. Es wurde sorgfältig dazu ausgebildet, die unterschiedlichsten Schritte, Sprünge und Gangarten in den verschiedensten Situationen auszuführen. Ein Military-Wettkampf gleicht dem Triathlon für Menschen, und er wird mit hoher Geschwindigkeit geritten. Diese Frau liebt ihr Pferd. Sie spricht mit ihm, erklärt ihm die Strecke und bittet es, mit ihr zusammenzuarbeiten. Sie achtet seine Intelligenz genauso wie seine körperlichen Fähigkeiten. Die beiden haben eine Beziehung, die sich auf Achtung und Partnerschaft gründet, und deshalb haben sie mit großem Spaß viele Preise gewonnen. Außerdem vertraut sie dem Pferd vollkommen.

Eines Tages ritt sie eine schwierige Wettkampfstrecke. Als sie kurz vor einem Sprung um eine Kurve bogen, verlor sie das Gleichgewicht. Das Pferd spürte die Veränderung in ihrem Körper, als die Angst sie durchzuckte. Sofort gab es ihr eine mentale Botschaft: »Schau du zu, daß du dein Gleichgewicht wiederfindest. Ich habe die Strecke schon verstanden!« Natürlich konzentrierte sie sich vollkommen auf ihr Gleichgewicht. Ohne zu straucheln, so als ob alles in Ordnung wäre, meisterte das Pferd problemlos das Hindernis. Aufgrund dieser innigen Verbundenheit wurde eine Katastrophe verhindert. Wenn das Pferd den Kurs nicht gehalten und damit nicht für seine Reiterin »gesorgt« hätte, wäre sie mit großer Wahrscheinlichkeit in einen Palisadenzaun gestürzt. In diesem Fall entschieden das innige Verständnis, das gemeinsame Ziel und die liebevolle Beziehung der beiden zwischen der Fortsetzung des Wettkampfs und einer ernsten Verletzung oder sogar dem Tod der Reiterin. Diese Art von Beziehung ist möglich, wenn wir begreifen, wer unsere Pferde wirklich sind, und anerkennen, daß sie rasche, intelligente Entscheidungen treffen können, um uns zu schützen, genau wie sie die Mitglieder ihrer Familie in Gefahrensituationen beschützen würden.

Die Trainingsmethoden des Amerikaners Monty Roberts und des Deutschen Klaus Ferdinand Hempfling sind aus tiefer Achtung vor dem Pferd und durch ihre Studien der Beziehungen innerhalb der Pferdeherde und des Herdenkodex sowie der Entschlüsselung der Körpersprache der Leitstute entwickelt worden. Die »an Wunder grenzenden« öffentlichen

Demonstrationen an »schwierigen« Pferden machen einfach nur deutlich, wie man als Leitstute denkt und handelt, um die Aufmerksamkeit und die Achtung eines Pferds zu wecken. Dieses Wissen und die damit verbundenen Trainingsmethoden sind nicht neu. Amerikanische Indianer, arabische Beduinen, mongolische Stammesleute und viele andere, die auf Pferde angewiesen sind, verstehen und achten die Tiere ganz ähnlich. Doch weil »moderne« Trainingsmethoden, die von den meisten Europäern und Amerikanern seit Jahrhunderten verwendet werden, auf Dominanz und Kontrolle basieren, scheinen Monty Roberts und Klaus Hempflings Methoden neu und revolutionär zu sein.

Wenn wir unsere Pferde wirklich lieben und achten, werden wir lernen, von »Pferd zu Pferd« mit ihnen zu kommunizieren. Wir werden lernen, eine *Partnerschaft* mit unseren Pferden zu schaffen, wie es Indianer und Beduinen seit Jahrhunderten tun. Die besten Bücher über das Thema Partnerschaft zwischen Mensch und Pferd sind: *Reiten in Vollendung* und *Zum Wohle des Pferdes,* beide von Mary Wanless.

Ältere Tiere

Junge Tiere lernen schnell; erwachsene Tiere finden ihren Platz in der Familie und tragen jeden Tag ihren Teil zum Familienleben bei; ältere Tiere haben ganz bestimmte Bedürfnisse und brauchen besondere Aufmerksamkeit und Verständnis.

Die verschiedenen Hunderassen altern unterschiedlich schnell. Viele der typischen Alterssymptome wie Arthritis, Inkontinenz (mangelnde oder keine Kontrolle der Blasenfunktion), Verdauungsbeschwerden, Nierenprobleme, dünnes Fell und nachlassendes Seh- und Hörvermögen sind nicht unbedingt normal. Viele dieser Symptome treten auf, weil das ältere Tier nicht mehr in der Lage ist, wichtige Nährstoffe aus der Fertignahrung aufzunehmen. Wir haben Dutzende von alten, schwachen, mageren Hunden erlebt, die nach der Umstellung von Fertigfutter auf bessere Nahrung plötzlich wieder lebendig und voller Energie waren. Alter ist nicht gleichbedeutend mit völligem körperlichen Verfall. Natürlich haben alte Körper nicht mehr die Spannkraft von jungen, doch mit der richtigen Pflege und Fütterung können sie gesund, aktiv und schön bleiben. Wenn Tiere altern, verändert sich ihr Nährstoffbedarf genauso wie ihr Bewegungsdrang. Ein älteres Tier kann anmutig altern, wenn sein Besitzer die veränderten Bedürfnisse erkennt und erfüllt. In Kapitel drei erfahren Sie mehr über gute Nahrung.

In einem Haushalt mit mehr als einem Hund kann

der in der Rangfolge weiter unten stehende junge Hund den dominanten älteren herausfordern. Das ist ganz normales Rudelverhalten. In einem Wolfsrudel wird das ältere männliche Alphatier regelmäßig von jüngeren herausgefordert, um sicherzustellen, daß der Rudelführer immer noch stark genug und fähig ist, die Jagd zu leiten und neue Junge zu zeugen.

In Ihrem »Rudel« wird der ältere Hund dem jüngeren hoffentlich die »Übernahme« erlauben, doch das geschieht nicht immer reibungslos. Vielleicht kämpft der ältere Hund um seine Position und wird vom jüngeren angegriffen, wobei sich beide Tiere verletzen können. Wenn Sie so etwas bei Ihre Hunden befürchten, sollten Sie mit ihnen sprechen. Sagen Sie dem älteren, daß es in Ordnung ist, wenn er zurücktritt, und geben Sie ihm eine »neue Aufgabe«, die seinem Großvaterstatus entspricht. Sagen Sie ihm zum Beispiel, daß seine neue Aufgabe darin besteht, Sie täglich zum Briefkasten zu begleiten, um die Post zu holen. Sagen Sie dem Jüngeren, daß er das Haus vor ungebetenen Gästen bewachen soll, wenn Sie nicht zu Hause sind. Denken Sie daran, daß *Sie* entscheiden, wer an der Tür Wache hält. Ihre Hunde müssen Ihren Aufforderungen augenblicklich nachkommen (wenn Sie beim Welpen gute Arbeit geleistet haben, haben Sie es jetzt leicht). Wenn Sie ein gutes Leittier sind, werden Ihre Hunde Ihre Wünsche gewöhnlich respektieren und sich beruhigen. Will der ältere Hund seinen dominanten Status nicht aufgeben, müssen Sie dem jüngeren sagen, daß er dem älteren seine Position im Rudel lassen muß. Es ist jedoch in Ordnung, dem jüngeren einige besondere Vorrechte einzuräumen. Wenn der ältere Hund nicht mehr so lange spazierengehen kann, achten Sie darauf, daß Sie den jüngeren nicht bestrafen, indem Sie auch seine Spaziergänge abkürzen. Nehmen Sie sich für beide Zeit, und geben Sie dem jüngeren Hund Raum für längere, schnellere Spaziergänge oder Spiele. Gehen Sie zuerst mit dem älteren Hund, damit er sich nicht zurückgesetzt fühlt, wenn Sie ihn für den Spaziergang mit dem jüngeren Hund zurücklassen. Weil er schon draußen war, wird er sich zufrieden ausruhen. Sagen Sie Ihrem älteren Hund, daß Sie ihn lieben und daß er in Ihrer Abwesenheit das Haus bewachen soll. Bauschen Sie nichts auf. Seien Sie klar und entschlossen, und die Hunde werden sich schnell anpassen.

Diese Vorschläge funktionieren nicht immer. In jeder Situation muß individuell gehandelt werden. Wenn sich der Konflikt zwischen einem älteren und einem jüngeren Hund zuspitzt, versuchen Sie es mit den Bach-Blütenessenzen. Denken Sie daran, Ihren Hunden zu sagen, daß Sie der Chef sind und erwarten, daß sie einander respektvoll behandeln. Erinnern Sie die Tiere daran, daß Sie als Leittier den älteren Hund in seiner Position belassen und daß deshalb der jüngere gehorchen muß. Wenn Sie ihnen klargemacht haben, was Sie erwarten, baut sich die Spannung in der Regel ab, und die Hunde finden zu einem neuen Gleichgewicht.

Manchmal glaubt ein älterer Hund (oder auch ein Pferd), daß sein Leben vorbei ist, wenn er einen gewissen Punkt von Hinfälligkeit erreicht hat. Dies fällt besonders bei Arbeitshunden auf, deren Leben sehr aktiv auf die Erfüllung bestimmter Aufgaben ausgerichtet war. Es ist wichtig, daß Sie Ihrem Hund (oder Pferd) sagen, daß Sie ihn um seiner selbst willen lieben und nicht für das, was er leistet. Sagen Sie Ihrem Hund, daß es Ihnen große Freunde bereitet, wenn er bei Ihnen ist, und geben Sie ihm eine neue Aufgabe. Sagen Sie Ihrem Pferd, daß Sie möchten, daß es sich um die jüngeren Pferde kümmert und ihnen »die richtigen Kniffe« beibringt. Es ist wirklich wichtig, für Ihr Tier eine neue, weniger anstrengende Aufgabe zu finden.

Cello ist ein prachtvoller Deutscher Schäferhund, der in seiner Blütezeit einer der besten Such- und Rettungshunde Colorados war. Seine glanzvolle Karriere und seine Bescheidenheit rührte die Herzen von Rettern und Geretteten. Nach vielen Dienstjahren begann Cello nachzulassen. Seine Besitzerin Greta wußte, daß er sich zur Ruhe setzen mußte. Sie sprach darüber mit Cello und versprach ihm, daß sein Leben immer noch erfüllt sein würde, nur viel geruhsamer. Wie es seine Art war, akzeptierte Cello anmutig das Unvermeidliche. Doch nach einigen Monaten wurde er depressiv und begann sich zu langweilen. Er verlor sogar das Interesse am Fressen. Er schien innerlich aufzugeben, und man konnte zusehen, wie er alterte. Greta erkannte, daß sie ihm rasch eine neue Aufgabe besorgen mußte. Sie fand heraus, daß eine Sonderschule in der Stadt nach einem »Therapiehund« für die Schüler suchte. Greta spürte, daß

Cello das Zusammensein mit den Kindern genießen würde. Sie sprach mit ihm darüber und entschloß sich, den Versuch zu wagen. Und Cello liebte die Kinder. Mit seiner ruhigen, freundlichen, geduldigen Art gewann er das Zutrauen aller. Mit der neuen Aufgabe kehrte auch Cellos Freude zurück. Seine Augen leuchteten wieder, er wurde wieder er selbst. Und schließlich akzeptierte er sogar ein noch ruhigeres Leben und war zufrieden, neben Greta zu liegen, wenn sie schrieb oder Geige spielte. Es reichte ihm jetzt, mit dem Menschen zusammenzusein, den er über alles liebt, doch es brauchte Zeit, Geduld und Anpassung von Mensch und Hund, um gemeinsam Ruhe und Frieden zu finden. Greta unterstützte Cello bei jedem Schritt und versicherte ihm, daß er nur deshalb wertvoll sei, weil er das außergewöhnliche Wesen ist, das er ist. Durch ihre beständige Anerkennung, ihre positive Haltung und tiefe Liebe konnte sich Cello in seinen letzten Jahren zufrieden entspannen.

Bei Katzen gibt es häufig die »Lehrerkatze-Schülerkatze-Beziehung«. In einem Haushalt mit mehreren Katzen lehrt eine ältere, reife Katze oft die jüngeren, wie man mit Menschen »umgeht«. Diese ältere Katze ist Vorbild, frißt häufig zuerst, sucht sich zuerst die Lieblingsecke und achtet darauf, daß die anderen Katzen ihr folgen und sie respektieren. Oft zeigt die Lehrerkatze den Schülerkatzen, wie man mit Besuchern oder Veränderungen im Haushalt umgeht und wie man den Menschen in der Familie hilft und sie heilt. Wenn diese Lehrerkatze stirbt, übernimmt eine andere Katze ihre Rolle. Wenn Sie die besondere Aufgabe dieser Katze anerkennen, zeigen Sie ihr, daß Sie das Geschenk, das sie der Familie macht, und das Vorbild, das sie für die anderen Katzen ist, wertschätzen.

Tips für die Reise

Wir alle sorgen uns um unsere Tiere, wenn wir unterwegs sind und sie zu Hause zurücklassen. Je mehr wir uns sorgen, um so weniger Spaß haben wir. Außerdem senden wir unseren Tiere mit unserer Sorge »negative« Energie, was genau die Schwierigkeiten verursachen kann, von denen wir hoffen, daß sie nicht auftreten werden! Hier sind einige Tips, mit denen Sie Ihren Tieren helfen können, wenn Sie nicht zu Hause sind:

1. Für die meisten Tiere ist es am besten, mit einem Haushüter im eigenen Zuhause bleiben zu können. Großartig, wenn Sie so etwas arrangieren können!
2. Die nächstbeste Lösung ist gewöhnlich ein Tierbetreuungsservice. Die Tierbetreuer kommen ein- bis dreimal täglich zu Ihnen nach Hause, um die Tiere zu füttern, mit ihnen spazierenzugehen und zu spielen. Machen Sie ihn oder den Haushüter

mit Ihrem Tier bekannt, bevor Sie wegfahren. Beziehen Sie den Tierbetreuer in das Lieblingsspiel Ihres Tiers ein. Wenn Ihr Tier besonders mißtrauisch ist, erlauben Sie dem Tierbetreuer, ihm sein Lieblingsfutter zu geben. Dies hilft meist, um das Eis zu brechen. Denken Sie daran, Ihre Tiere und den Tierbetreuer an die Hausregeln zu erinnern. Lassen Sie die Tiere wissen, daß Sie darauf vertrauen, daß sie sich normal verhalten werden.

3. Eine andere Möglichkeit ist, Ihren Hund oder Ihre Katze bei Freunden unterzubringen. Wenn Ihr Haustier die Menschen und ihre Tiere kennt, ist es für das Tier wie ein Ferienlager und macht allen Spaß. Diese Lösung kann sogar noch besser sein als ein Haushüter.
4. Eine Tierpension kann ebenfalls gut funktionieren, besonders wenn Ihr Hund andere Hunde mag. Besuchen Sie die Einrichtung einige Male. Kommen Sie wenigstens einmal unangemeldet, um sicherzugehen, daß es dort auch so zugeht, wie's im Prospekt steht. Beobachten Sie die Hunde in der Tierpension. Sind sie glücklich, oder wirken sie gestreßt? Wie ist der Gesamteindruck? Ist das Team freundlich und umgänglich? Ist die Pension sauber und hell? Gibt es schöne, saubere Arbeits- oder Spielbereiche? Lassen Sie sich Empfehlungsschreiben geben, und überprüfen Sie diese. Wenn Sie Ihr Tier dann in die Tierpension bringen, nehmen Sie einige vertraute Gegenstände mit: ein Lieblingsspielzeug, Korb oder Decke

und den Futternapf. Stellen Sie das Futter zur Verfügung, an das ihr Tier gewöhnt ist. Eine neue, fremde Ernährung kann Magenverstimmungen verursachen und die Belastung erhöhen. Darüber hinaus kann es helfen, ein T-Shirt oder Sweatshirt einige Stunden zu tragen und es dem Hund oder der Katze in die Tierpension mitzugeben. Wenn die Tiere Ihren vertrauten Geruch in der Nase haben, wissen sie, daß die Verbindung zu Ihnen noch besteht. Nehmen Sie nicht alle Spielzeuge mit, denn sonst könnten Hund oder Katze denken, sie würden für immer weggeschickt. Sagen Sie den Tieren, daß sie eine bestimmte Anzahl von Tagen in der Pension bleiben werden und daß Sie dann kommen und sie wieder mit nach Hause nehmen. Versuchen Sie, Ihre Hunde in der gleichen Box oder nebeneinander unterzubringen. Für Ihre Katzen sollten Sie ein reines Katzenheim suchen. Bellende Hunde sind eine große Belastung für Katzen, die unfreiwillig von zu Hause fort sind.

5. Die Unterbringung in einem Tierkrankenhaus ist gewöhnlich wenig erfreulich für die Tiere. Würden Sie gern im Krankenhaus bleiben, während Ihre Familie Ferien macht? Das Team dort kümmert sich vor allem um die kranken und verletzten Tiere, und meist bleibt wenig Zeit für die Gäste. Ihr Tier wird außerdem die Angst und die Traumata der kranken und verletzten Artgenossen aufnehmen. Es registriert, daß jemand stirbt oder gestorben ist. Vielleicht glaubt es, daß es in

dieser Umgebung auch krank werden oder sterben muß. Eine Tierpension, die für kurze Aufenthalte ausgelegt ist, hat eine besondere Energie, weil alle Tiere nur kurze Zeit dort sind. Das Team dort ist dazu da, für Ihre Haustiere zu sorgen, solange Sie nicht da sind. Ihr Versprechen, nur für eine bestimmte Zeit fort zu sein, wird von den Erfahrungen der anderen Tiere verstärkt. Dies unterstützt Ihr Tier statt es zu ängstigen – wie dies mit großer Wahrscheinlichkeit in einem Tierkrankenhaus der Fall wäre.

6. Versuchen Sie nie, sich »fortzustehlen«. Ihr Hund oder Ihre Katze wissen genau, was vor sich geht. Es macht sie traurig, wenn Sie unehrlich sind, und das wird weitere Aufregung verursachen. Sagen Sie den Tieren statt dessen, daß Sie eine Reise machen. Sagen Sie ihnen, wie viele Tage Sie fort sein werden. Versichern Sie ihnen, daß Sie sie lieben und möchten, daß sie glücklich und zufrieden sind, gut essen und sich wohl fühlen, solange Sie fort sind. Lassen Sie die Tiere an Ihrem Koffer und an seinem Inhalt riechen. Wenn es Zeit zur Abreise ist, verabschieden Sie sich lächelnd, und bitten Sie die Tiere, das Haus während Ihrer Abwesenheit zu bewachen.
7. Nehmen Sie sich auf der Reise, kurz bevor Sie einschlafen oder kurz nachdem Sie morgens aufgewacht sind, einen Augenblick Zeit, um sich mit Ihren Tieren zu verbinden. Während Sie ruhig im Bett liegen, stellen Sie sich vor, wie Ihr Tier friedlich an seinem Lieblingsplatz schläft oder mit sei-

nem Lieblingsspielzeug spielt. Sagen Sie ihm mental, daß es Ihnen gutgeht, daß Sie die Zeit genießen und daß Sie wünschen, es möge ihm genauso gehen. Sagen Sie ihm, daß Sie sich in sechs Tagen wiedersehen werden. Wiederholen Sie das Ganze am nächsten Tag, und sagen Sie ihm, daß Sie in fünf Tagen wiederkommen werden, und so weiter. Sie können ihm auch sagen, Sie kehren nach sechs Mahlzeiten zurück, wenn Ihnen das sinnvoller erscheint. Leute, die diese Technik ausprobiert haben, erzählten, daß es den Tieren wirklich geholfen habe. Und den Menschen geht es damit immer besser. Haushüter, die die ihnen anvertrauten Tiere kannten, berichteten, daß die Tiere ruhiger und entspannter waren und besser fraßen, wenn die Menschen Botschaften über weite Entfernungen schickten. Versuchen Sie es!

Die beste Möglichkeit, klar und wirkungsvoll mit Ihren Haustieren zu kommunizieren, ist anzuerkennen, wer sie als Tiere sind. Denken Sie immer daran, daß sie intelligente, sensible Wesen sind. Achten Sie ihr körperliches Sein, und wenden Sie sich an ihr höheres oder intelligentes Selbst, dann werden Sie eine überaus reiche und fruchtbare Partnerschaft aufbauen.

2

Kommunikation zwischen den Arten

Wir haben bereits über das körperliche und emotionale Gleichgewicht sowie eine ausgewogene Gestaltung des Zusammenlebens gesprochen. Jetzt gehen wir noch einen Schritt weiter, um die Partnerschaft zu unseren Haustieren durch Kommunikation zu vertiefen. Die meisten Menschen glauben, daß es nur zwei Möglichkeiten gibt, sich mit Tieren zu verständigen: Befehle und Körpersprache. Glücklicherweise steht uns in Wirklichkeit eine viel anspruchsvollere, feinere und tiefere Möglichkeit offen: die telepathische Kommunikation. Telepathie wird in Websters Enzyklopädie als »geistige Kommunikation von Fakten, Gefühlen und Bildern über eine Distanz hinweg« erklärt.

Tiere sind intelligente, fühlende Wesen. Sie kommunizieren durch Körpersprache, Töne, Gerüche, Duftmarken und indem sie Gedanken austauschen. Weil Tiere nicht sprechen können, scheinen die meisten Menschen zu glauben, daß sie auch nicht denken können (ein Tier könnte entgegnen, daß Menschen nicht denken können, weil sie sprechen). Weil wir sprechen können, haben die meisten von uns die Fähigkeit verloren, Gedanken auszutauschen. Die gute Botschaft ist, daß fast jeder von uns diese Fähigkeit wenigstens in gewissem Umfang neu erwerben kann.

Telepathie ist die direkte Verbindung zum Gedanken eines anderen Wesens. Wenn wir von Geist zu Geist kommunizieren, verschwinden Gefühle wie Überlegenheit und Einsamkeit und werden durch das Gewahrsein der Verbundenheit mit allen Wesen ersetzt. In unserer »zivilisierten« Gesellschaft lernen wir, daß Telepathie nur in Science-fiction-Filmen wie *Star Trek* und Geschichten wie *Dr. Dolittle und seine Tiere* vorkommt. Doch Telepathie ist ein Sinn, den wir besitzen, einer, der aus Mangel an Gebrauch verkümmert ist. Durch Übung können wir diesen Sinn wieder wecken und unsere Verbundenheit auch mit den Wesen unseres Planeten spüren, die nicht sprechen können.

Unserer Erfahrung nach, welche viele Menschen, die mit Tieren arbeiten, teilen, denken Tiere häufig in geistigen Bildern. Ihre Welt besteht neben Instinkt und erlerntem Verhalten aus Gefühlen, Erfahrungen, Empfindungen und Bildern. Zuerst müssen wir deshalb die Fähigkeit entwickeln, mentale Bilder zu formen und zu übermitteln. Wenn Sie sich darin üben, geistige Bilder zu formen und ihrem Haustier zu schicken, werden Sie die Erfahrung machen, daß Ihr Tier sehr rasch lernt. Denken Sie an das *positive* Ergebnis, das Sie erwarten. Wenn Sie sich, wie wir im vorangehenden Kapitel erwähnten, Sorgen machen, daß Ihr Welpe den Teppich zerbeißt, können Sie diesen Gedanken buchstäblich in sein Hirn »pflanzen«. Stellen Sie sich statt dessen lieber vor, wie er glücklich an seinem Spielzeug kaut.

Die größte Blockade bei der geistigen Kommunikation mit Tieren ist unser Geist mit seinen Prägungen, Ablenkungen, Vorurteilen, Glaubenssystemen und Zweifeln. Ein weiteres Hindernis ist unsere Unfähigkeit, den Geist zu fokussieren, es sei denn, wir sind in Meditation oder Konzentration geübt. Geistesruhe entsteht nur durch Übung. Wenn wir dies gelernt haben, müssen wir unser Bewußtsein erweitern, das bedeutet, über uns hinauswachsen und erkennen, daß wir Teil sind von allem, was existiert. Unsere Haustiere helfen uns gern dabei, diese Idee anzunehmen.

Wer sind unsere Haustiere?

Hunde, Katzen und Pferde haben eine ganz besondere Beziehung zu den Menschen. Wir erfuhren, daß uns diese drei Arten dienen wollen. Dieser heilige Dienst besteht darin, daß sie uns helfen, unseren Weg zurück nach Hause zu finden, zurück zur Quelle, zurück zu Gott, zurück zur Liebe. Wenn Sie so wollen, gibt uns jede Art etwas anderes. Wenn Katzen, Pferde und Hunde körperlich gesund und emotional ausgeglichen sind, ist diese Mission ihr Lebensziel. Sie sorgen sich darum, ob wir glücklich, gesund und *ganz* sind. Die Haustiere sind ohne Rücksicht darauf, was es ihnen persönlich abverlangt, bereit, den Menschen, die sie lieben, zu diesem Ziel zu verhelfen. Wenn ein Tier krank oder verletzt ist, lenkt es unsere Aufmerksamkeit oft auf unsere eigene Unausgeglichenheit oder eine potentielle Schwierigkeit, die sich noch nicht manifestiert hat (siehe auch Kapitel vier).

Hunde, Katzen und Pferde sind individuelle Seelen, die sich wie wir Menschen im Laufe vieler Leben entwickeln. Der Gedanke an Reinkarnation war mir so lange fremd, bis ich anfing, den Tieren zuzuhören. Seit Jahren berühren mich ihre Erinnerungen an frühere Leben mit geliebten Menschen tief und haben mich dazu gebracht, Reinkarnation als eine Tatsache zu akzeptieren. Viele Leben lang arbeiten Pferde, Katzen und Hunde daran, die Menschen bedingungslose Liebe zu lehren. Jede Art manifestiert dieses Geschenk auf ihre Weise.

Der Hund

Der Hund ist reine *bedingungslose Liebe*. Hunde senden diese Liebesenergie in einem *horizontalen* Energiestrahl direkt zum Menschen. Der Strahl entspringt dem Solarplexuschakra des Hundes in seiner Brust und richtet sich unmittelbar auf unser Herzchakra, das Energiezentrum unseres Herzens. Das

Solarplexuschakra des Hundes korrespondiert mit dem Herzchakra des Menschen, denn beide sind das energetische Zentrum für Liebe, Mitgefühl, Vertrauen, Treue, Hingabe, Vergebung, Achtung und Frieden. Wenn der Hund einen Liebesstrahl von seinem Solarplexuschakra zu unserem Herzchakra sendet, durchströmt uns Liebe, und unsere eigene Liebe (für uns selbst und andere) wird gestärkt. Durch diesen *Austausch* von Liebe wächst Verständnis und Partnerschaft im Menschen wie im Hund. Ein Hund beschrieb es folgendermaßen: »Ich bin der Teppich unter deinen Füßen, der die Rauheit des Lebens für dich glättet.«

Die Katze

Die Katze ist *nicht festhaltende Liebe.* Katzen arbeiten mit einem *vertikalen* Energiestrahl. Sie sind durch einen Lichtstrahl mit der Quelle und der Erde verbunden. Sie sind uns täglich ein Vorbild für diese Verbindung und lehren uns, daß wir nicht von der Quelle getrennt sein müssen, wenn wir in körperlicher Gestalt leben. Sie lehren uns, daß wir ein ausgeglichenes Leben auf der Erde führen und uns gleichzeitig mit Gott verbinden können. Katzen lehren uns Harmonie, Gleichgewicht und höheres Heilen. Katzen sind außerordentliche Heiler. Gesunde Katzen können Krankheiten von einem Menschen oder einem anderen Tier übernehmen, diese energetisch transformieren und wieder abgeben, ohne selbst krank zu werden. Viele Therapeuten und Masseure haben Katzen, die darauf bestehen, mit im Behandlungszimmer zu sein. Diese Katzen arbeiten mit dem Therapeuten, stärken seine Fähigkeit zu heilen und transformieren und lösen die emotionale, spirituelle und physische Unausgeglichenheit der Klienten. Durch die Fähigkeit des Nichtanhaftens sind Katzen ausgezeichnete Vorbilder für Liebe und Heilung. Wir Menschen sind berüchtigt für unser Anklammern, unsere Erwartungen und Ängste. Eine ausgeglichene Katze hat keine Geduld für solche Eigenschaften. Sie lebt mit uns zusammen, um uns eine andere Seinsform zu zeigen.

Das Pferd

Das Pferd hat vielleicht die schwierigste Aufgabe von allen. Pferde sind bei uns, um uns *Vertrauen* zu lehren. Die meisten Menschen lernen jedoch, daß das Reiten oder Arbeiten mit Pferden via Dominanz und Kontrolle geschehen muß. Doch wie sollte sich auf diese Weise Vertrauen entwickeln? Wir hörten, daß Pferde in der Regel alle vier Jahre verkauft werden. Deshalb müssen sie oft viele Leben lang auf die besondere Beziehung zu einem Menschen verzichten, nach der sie sich so sehnen. Nur wegen ihres *Idealismus* inkarnieren sie sich weiter bei uns. Idealismus könnte man als »dauerhafte Hoffnung« definieren.

Das Pferd ist energetisch ständig in Bewegung. Seine Energie arbeitet nicht nur vertikal, sondern auch in Spiralen, Kreisen und Ellipsen. Wenn ein Mensch ein Pferd liebt und sich ihm in Liebe und Vertrauen überläßt und wenn das Pferd seinerseits sich dem Menschen in Liebe und Vertrauen übergibt, geschieht etwas Außergewöhnliches. Beide Wesen empfinden ein Vertrauen und eine Partnerschaft, die ein tiefes Gefühl der Einheit und damit einen direkten Zugang zur ekstatischen Vereinigung mit Gott erlaubt. Dieses Geschenk machen uns die Pferde. Wie viele Menschen, die mit Pferden arbeiten, mögen sich erlauben, dieses wunderbare Geschenk zu empfangen?

Diese drei Arten sind glücklich, uns unter Einsatz ihres Lebens die Telepathie und die Verbundenheit mit allem Seienden zu eröffnen. Wenn wir sie um Hilfe und Führung bitten, erkennen wir ihre Mission an und helfen unseren und ihren Seelen bei der Entwicklung. Auch andere Tiere mögen uns helfen wollen, doch für sie ist es nicht so wichtig, daß wir »begreifen«, wie diesen drei Arten. Alle anderen Kreaturen auf diesem Planeten betrachten die Verbundenheit untereinander und mit Mutter Erde als ihr höchstes Ziel.

Doch wenn Sie die Tiere aller Arten wirklich ehren und achten und sie um ihre Hilfe und Verbundenheit bitten, sind die meisten bereit, ihr Bestes zu geben (lesen Sie zu diesem Thema auch das Buch *Ich spürte die Seele der Tiere* von Penelope Smith und Michael Tobias).

Anmerkung: Delphine und Wale sind hochentwickelte Lehrer der kosmischen und universellen

Weisheit. Ihr Bedürfnis, der Menschheit bei ihrer Entwicklung zu helfen, darf nicht übersehen werden. Doch dies soll Thema eines anderen Buches sein!

Einstimmen auf die Liebe

Tiere können uns verstehen lehren, wer wir wirklich sind, weil wir uns vor ihnen nicht verstecken. Wir haben keine Angst, sie zu berühren oder ihnen unsere tiefsten Gedanken und Gefühle mitzuteilen. Wenn wir uns jemals so tief lieben können, wie unsere uns Tiere lieben, dann werden wir wissen, wer wir wirklich sind.

Wie können wir den Tieren helfen, die uns unterstützen möchten? Als erstes müssen wir unsere Verbindung zu diesen Wesen achten. Indem wir erkennen, daß wir *gleiche Wesen* sind, weitet sich unser Bewußtsein. Sobald wir unser Gefühl der Überlegenheit aufgeben und akzeptieren, daß alle Wesen intelligent sind, kommen wir innerlich in Bewegung. Die Vorbereitung auf diese Kommunikation bedarf entschiedenen Engagements und ständiger Bewußtheit der Anteile in uns, die »nicht glauben«. Danach brauchen die meisten von uns viel Übung. Wann immer Sie an sich zweifeln mögen, schauen Sie in die Augen eines Tieres, das Sie liebt.

Prinzipien der Kommunikation mit Tieren

Wenn wir verstehen wollen, wie Tiere gedanklich kommunizieren, müssen wir wissen, wie die nichtphysische Wirklichkeit funktioniert. Das folgende ist eine vereinfachte Beschreibung: Zwischen Erde und Himmel befindet sich ein energetischer Vorhang, der das menschliche Bewußtsein von der Liebe, der Quelle, Gott, dem Schöpfer trennt. Tiere kennen diese Trennung nicht. Sie fühlen sich immer verbunden, während die Menschen darum kämpfen, die Verbindung zu finden und sich an ihre göttliche Natur zu erinnern. Um telepathisch mit Tieren zu kommunizieren, muß man ihre Realität der »Einheit« betreten. Viele Menschen sind von der Empfindung der Einheit und der bedingungslosen Liebe zuerst einmal überwältigt. Darum widmen sich Hunde, Katzen und Pferde der Aufgabe, uns dabei zu helfen, daß wir uns wieder verbinden, uns erinnern. Wenn ein Mensch bereit ist, sich auf die bedingungslose Liebe und die Einheit einzulassen, eröffnet sich ihm das weite Feld der Kommunikation zwischen den Rassen. Doch der Pfad zu diesem heiligen Ort ist verstopft von Ängsten, Erwartungen, traumatischen Erfahrungen, von unserer Bildung, unseren Glaubenssystemen und vielem mehr. Viele von uns müssen lernen, dieses »Gepäck« loszulassen, um sich im Zuhause der bedingungslosen Liebe wieder sicher zu fühlen. Deshalb lehren Patrice und ich die Menschen, diesen alten »Kram« loszuwerden, um, frei von vergangenen

Erfahrungen, Zweifeln und Ängsten, zum wahren Selbst zurückzufinden. Unser »Gepäck« zu kennen und zu lernen, damit umzugehen, ist für uns das Fundament für eine klare telepathische Kommunikation. Wenn wir uns nicht ständig um unser geistiges Wachstum kümmern, kann die Öffnung für die telepathische Kommunikation verwirrend, furchterregend und überwältigend sein. Ohne persönliche Klarheit können Botschaften nur vernebelt und verzerrt empfangen werden.

Wenn Sie sich selbst besser kennenlernen wollen, raten wir Ihnen dringend, Bücher über spirituelles und persönliches Wachstum zu lesen. Bedingungslose Liebe und die Gesundheit von Körper, Geist und Seele sind unser Geburtsrecht. Finden Sie Ihren Weg zur Wahrheit, und bleiben Sie dabei. Wenn Sie Inspiration brauchen, lesen Sie die Buchempfehlungen im Anhang. Surfen Sie im Internet. Besuchen Sie Vorträge und Seminare. Werden Sie sich Ihrer Entscheidungen bewußt. Denken Sie daran, daß wir nur zwischen Liebe und Angst entscheiden können. Wenn Sie Ihrem wahren, liebevollen Selbst begegnen, werden Sie zu einem Leuchtfeuer für Ihre Mitmenschen und für die Tiere, die sich sehr darüber freuen werden, daß Sie aufgewacht sind und sich daran erinnern, wer Sie wirklich sind.

Es folgen – in Kurzform – die Schritte, die wir mit Menschen gehen, um ihre Intuition und so die Fähigkeit zur Kommunikation mit Tieren zu entwickeln. Wenn Sie sich danach richten, können Sie Ihre Beziehung zu allen Lebewesen tiefgreifend verändern.

Wie man die Verständigung beginnt

1. Glauben Sie, daß es möglich ist: *Ja, ich kann es!*
2. Werden Sie sich Ihrer Glaubenssätze, Ängste, Erwartungen usw. bewußt.
   a. Beruhigen Sie Ihren Geist, konzentrieren Sie sich auf Ihren Atem, und beobachten Sie Ihre Gedanken.
   b. Untersuchen Sie Ihre Vorstellungen und Erwartungen.
3. Schalten Sie Ablenkungen aus.
   a. Stellen Sie Krach und übermäßige Aktivität in Ihrem Umfeld ab.
   b. Klären Sie Ihre Gefühle und den persönlichen Terminkalender.
4. Lernen Sie zu unterscheiden: Fragen Sie, ob Ihr Verhalten Sinn macht, ob es hilfreich und positiv auf alle wirkt.
5. Vertrauen Sie dem, was Sie empfangen. Damit respektieren Sie sich und beherzigen Nr. 1.
6. Schreiben Sie alles auf, jedes Gefühl, jeden Gedanken, ganz gleich, was es sein mag.
7. Üben Sie.

Wie erreicht uns eine Botschaft?

Telepathische Botschaften erreichen uns oft genauso wie andere Botschaften. Die meisten von uns sind visuell ausgerichtet. Wir sind daran gewöhnt, Worte, Farben, Formen, Bewegungen, Dinge, Fernsehfilme und so weiter zu sehen. Wie werden Bilder telepathisch übermittelt? Vielleicht sehen Sie mit Ihrem geistigen Auge plötzlich einen Welpen, der mit einem Jungen Ball spielt. Auch für die anderen Sinneswahrnehmungen gibt es telepathische Äquivalente, die Sie in der untenstehenden Liste finden. Sie tauchen in Ihrer Wahrnehmung auf wie ein Echo oder eine Resonanz, die in Ihnen bestimmte Schwingungen und Eindrücke erzeugt.

Physisch	*Nichtphysisch*
Visuell (Sehen)	Hellsichtigkeit
Auditiv (Hören)	Hellhörigkeit
Kinästhetisch (Fühlen und Tasten)	Empathie

Im nichtphysischen Bereich erhalten wir Botschaften auch über

- Träume;
- Telepathie oder Eingebungen, auch Hellfühlen genannt;
- eine Kombination der obengenannten (die meisten von uns erhalten kombinierte Botschaften).

Wie Sie Botschaften Ihrer Tiere empfangen

1. Achten Sie alle Tiere als *gleichberechtigte* Wesen, die nicht besser oder schlechter sind als Sie.
2. Bitten Sie um Erlaubnis, zuerst verbal, später, indem Sie eine respektvolle Haltung einnehmen. Ein Tier wird dies augenblicklich merken und anerkennen.
3. Seien Sie friedlich, freundlich und offen.
4. Sollen Sie das Tier berühren oder nicht? Folgen Sie der Führung des Tiers. Betreten Sie seinen Raum *sanft*, spielen Sie mit ihm, sitzen Sie ruhig neben ihm usw.
5. Öffnen Sie Ihre Antennen, indem Sie Ihren Geist und Körper beruhigen. Bauchschmerzen können bedeuten, daß die klare Kommunikation durch Emotionen blockiert ist. Prüfen Sie Ihre Gefühle und Erwartungen. Finden Sie einen neutralen Ort in sich, Ihre innere Mitte, und fahren Sie dann fort.
6. Warten Sie. Seien Sie passiv, und konzentrieren Sie sich auf das *Empfangen*. Lassen Sie alle erwarteten oder gewünschten Antworten los.
7. Bitten Sie um eine Antwort und darum, daß die Botschaft dem höchsten Gut aller Beteiligten dienen möge. Dies fördert den Austausch exakter, wertvoller Botschaften.
8. Lauschen Sie (nichts zu hören kann auch einfach nur bedeuten: »Nicht jetzt!«).

9. Drücken Sie aus, was Sie beobachten, fühlen oder empfangen. Erzählen Sie es jemandem, der Ihnen hilft, oder schreiben Sie es in ein Tagebuch usw.
10. Danken Sie dem Tier, beenden und schließen Sie den Kreis.

Noch einmal: Dies ist nur ein grober Umriß, um Sie auf eine neue Art der Beziehung mit Ihren Tieren einzustimmen. Wenn Sie sich eingehender informieren und üben möchten, finden Sie im Anhang entsprechende Bücher und Seminare.

Wenn Tiere mit uns kommunizieren

Die Tiere senden uns ständig Gedanken, Bilder und Gefühle. Wir sind diejenigen, die lernen müssen, wie man sie »auffängt«. Sie können Ihr Tier um ein physisches Zeichen bitten, womit es Ihnen bestätigt, daß Sie seine non-verbale Botschaft richtig gedeutet haben.

Einmal arbeiteten Patrice und ich mit einer sehr kranken Katze. Sie war von einem Hund gebissen worden, die Wunde hatte sich infiziert, und sie kämpfte um ihr Leben. Sie lag bewegungslos auf einem Futon und atmete mühsam und flach. Als Patrice seine Hände sanft auf ihren Körper legte, begann die Katze zu schnurren. Patrice sandte liebevolle Heilenergie durch seine Hände, und der Atem des Tiers vertiefte und entspannte sich zusehends. Die Besitzerin bemerkte den Unterschied sofort. Als ich den Körper der Katze kinästhetisch untersuchte, stellte ich fest, daß sie ihre gesamte Energie aufwendete, um die Infektion zu bekämpfen und am Leben zu bleiben. Als sie tiefer atmete, wurde der Kampf leichter. Patrice machte weiter, und wir baten die Besitzerin, das Tier um ein Zeichen zu bitten, ob es den Kampf gewinnen würde. Wir sagten ihr, ein Zeichen der Besserung sei, wenn sich eine kranke Katze wieder zu putzen beginne. Wenige Minuten später hob die Katze den Kopf und leckte ihre Pfote. Wir waren beeindruckt.

Patrice ließ seine Hände auf der Katze. Ich erfuhr von ihr, daß sie ihren Schwanz gern als Ausdrucksmittel benutzte, und fragte ihre Besitzerin, ob das stimme. Sie antwortete, daß der Schwanz ihr genau sage, wie die Katze sich fühle. Die unterschiedlichen Bewegungen bedeuteten verschiedene emotionale Zustände. Die ganze Zeit über hatte die Katze den Schwanz nicht bewegt. Patrice meinte, daß es ein weiteres Zeichen der Hoffnung wäre, wenn die Katze ihren Schwanz so bewegte, daß die Besitzerin verstünde, was das Tier ihr sagen wolle. Nachdem er das gesagt hatte, bewegte die Katze den Schwanz. Wir alle waren davon überzeugt, daß die Katze uns verstand und uns antwortete, um zu zeigen, daß sie immer noch lebte und um ihre Gesundheit kämpfte.

Bitten Sie Ihr Tier um ein körperliches Zeichen dafür, daß es Sie verstanden hat oder daß Sie es verstehen. Das gibt Ihnen eine wichtige Bestätigung dafür, daß Sie gehört und verstanden werden und daß Sie die Botschaften besser empfangen, als Sie denken.

Berührung als Kommunikation

Die Berührung ist eines der größten Geschenke der Tiere an uns. Wir lieben es, unsere Tiere zu berühren, und sie lieben es, berührt zu werden. Durch die Berührung teilen wir ihnen Liebe, Zuneigung, Freude, Sanftheit und Mitgefühl mit. Zu berühren und berührt zu werden ist die Lebensgrundlage der Säugetiere. Wenn ein menschliches Baby oder ein Tierkind nicht berührt wird, welkt es dahin und stirbt. Berührung ist äußerst wichtig für Gesundheit und Glück. Bewußte Berührung ist ein machtvoller Weg, um die telepathische Kommunikation in Gang zu setzen. Indem wir uns bewußt werden, wie kraftvoll unsere Berührung wirkt, wenn Liebe von unserem Herzen durch unsere Hände strömt, können erstaunliche Dinge geschehen.

Versuchen Sie, in ihren Hände vollkommen bewußt zu sein. Nähern Sie sich Ihrem Tier liebevoll, bitten Sie es um Erlaubnis, und berühren Sie es bewußt. Wie reagiert es? Schaut es Sie anders an als sonst? Entspannt es sich und möchte mehr? Oder ist es erstaunt, daß Sie sich so intensiv auf die

Berührung konzentrieren? Beobachten Sie, was sich zwischen Ihnen und Ihrem Tier verändert, wenn Sie es ganz bewußt berühren.

Katzen reagieren sehr empfindsam darauf, wie wir sie berühren. Die Katze liegt auf Ihrem Schoß, läßt sich vollkommen zufrieden von Ihnen streicheln, und plötzlich beißt sie oder springt von Ihren Knien. Warum? Wenn Sie sie gedankenlos streicheln, kann das für die Katze unerträglich sein. Wahrscheinlich hatte sie einfach genug, weil Sie mit Ihrer Aufmerksamkeit nicht wirklich dabei waren. Versuchen Sie das nächste Mal bewußter zu sein. Die Chancen stehen gut, daß Sie spüren, daß die Katze sich nicht wohl fühlt, *bevor* sie beißt oder hinunterspringt. Sie wird Ihre größere Sensitivität und Ihr wachsendes Bewußtsein zu schätzen wissen.

Eine der wirksamsten Methoden, durch eine bestimmte Form der Berührung zu kommunizieren und zu heilen, ist von Linda Tellington-Jones entwickelt worden und wird *Tellington Touch (TTouch)* genannt. Linda ist Reiterin, bildet Pferde aus, liebt Tiere und entwickelte die Technik, nachdem sie selbst die Körperarbeit nach Feldenkrais kennengelernt hatte. Da Feldenkrais ihr helfen konnte, sich so viel besser zu fühlen, vermutete sie, daß es auch bei Tieren funktionieren könne. Sie begann, eine spezielle Feldenkrais-Methode für Pferde zu entwickeln, die so wirksam war, daß die Leute sie baten, sie weiterzugeben. Besonders bei Pferden mit chronischen Ängsten, Krankheiten, Verletzungen und »Verhaltensproblemen« waren dramatische Veränderungen zu beobachten. Die Berührungsmethode wurde ein kraftvolles Heilmittel für ganzheitlich arbeitende Tiertherapeuten, Ausbilder und Pferdebesitzer. Schließlich modifizierte Linda ihre Technik für Hunde, Katzen, Vögel, Reptilien und gefangene Wildtiere.

Ich hörte vor vielen Jahren zum erstenmal von dieser erstaunlichen Berührungstherapie, nämlich als ich die Geschichte der Pythonschlange Joyce las. Joyce, eine etwa vier Meter lange Schlange, lebte im Zoo von San Diego. Sie litt an Atemnot sowie anderen wiederkehrenden gesundheitlichen Problemen, und Linda wurde gerufen, um ihr zu helfen. Linda hatte schon mit Schlangen gearbeitet und wollte gern mehr über diese Tiere erfahren. Joyce lag zusammengerollt auf einem Baumstamm, als Linda mit ihrer Arbeit begann, doch nachdem die Schlange berührt worden war, glitt sie herab und legte sich s-förmig auf den Boden. Schließlich streckte sie sich zu ihrer vollen Länge aus. Die Tierpfleger staunten. Linda stimmte sich ein und fragte Joyce, was sie brauche. Ihrer Intuition folgend, kniete sie sich neben die Schlange und legte die Hände mit den Handflächen nach oben nebeneinander unter deren großen Körper. Sanft begann sie, das Tier auf und ab zu heben und wiederholte dies, bis sie es von oben bis unten behandelt hatte. Sie bat die Pfleger um Hilfe. Bald waren alle damit beschäftigt, Joyces Körper auf und ab zu heben. Die Python entspannte sich zusehends. Ihre Atmung veränderte sich. Sie hob den Kopf, schaute alle an und glitt zufrieden davon. Später behandelte Linda die Schlange noch einmal. Als die Frau sich hinkniete, um zu erklären, was sie getan hatte, kroch Joyce Lindas Körper hoch und legte ihren Kopf sanft an Lindas Wange.

Zwei Tage später demonstrierte Linda ihre Berührungstechnik vor über hundert Menschen auf der Bühne. Sobald die Schlange freigelassen worden war, schoß sie auf die kniende Linda zu. Sie erhob sich wie eine Kobra, schaute Linda einen Augenblick lang in die Augen, züngelte gegen Lindas Stirn und rollte sich dann friedlich in ihrem Schoß zusammen. Die Berührung hatte eine klare, tiefe Verbindung zwischen Mensch und Schlange geschaffen.

Linda schrieb das Buch *Der neue Weg im Umgang mit Tieren. Die Tellington Touch Methode.* Sie hat Demonstrationskarten und Videos produziert, die zeigen, wie ihre Berührungstechnik an Pferden, Hunden und Katzen auszuführen ist. Im Anhang finden Sie mehr darüber. Der Tellington Touch ist ein kraftvolles Werkzeug, um die Kommunikation zwischen den Arten herzustellen.

Der Übergang oder die Todeserfahrung

Ein großer Teil unserer Arbeit besteht darin, Tiere und ihre Besitzer durch den Sterbeprozeß, in den Tod zu begleiten. Die Tiere können uns lehren, unsere Angst vor dem Sterben sowie unser Mißverständnis in bezug auf den Tod zu klären. Damit machen sie uns ein großes Geschenk. Immer wieder sagen die Tiere ihren Besitzern durch uns, daß der Tod ein Tor in eine andere Realität ist. Er ist nicht das Ende, sondern ein Übergang, der sie zurück zur Einheit mit der Quelle führt, bevor sie in einem neuen Körper zurückkehren, um neue Erfahrungen zu sammeln. Wenn ein Mensch sein Tier wirklich liebt, kann dessen Verlust schwerer wiegen als der Verlust eines menschlichen Familienmitglieds, weil die bedingungslose Liebe, die uns das Tier entgegenbringt, im Gegensatz zu den Gefühlen, die wir in unseren komplizierten menschlichen Beziehungen erleben, rein und klar ist.

Wie verwandeln wir Schuld, Schmerz, Kummer und Verlust? Es ist nicht leicht, doch wenn wir unseren Tieren zuhören, können wir den Prozeß verstehen und verarbeiten. Die folgenden Schritte können hilfreich für Sie sein, wenn Sie glauben, daß sich Ihr altes oder krankes Tier auf den Tod vorbereitet:

Folgen Sie Ihrer Intuition, und vertrauen Sie darauf, daß Sie im Sinne Ihres Tieres die beste Entscheidung treffen (es kann sein, daß Ihr Tierarzt anderer Meinung ist).

Haben Sie keine Angst. Für das Tier ist der Tod ein Übergang, *kein* endgültiges Ende.

Bitten Sie Ihren Engel, Ihre Geistführer, den Heiligen Franziskus oder wen immer Sie wollen um Hilfe für sich und Ihr Tier. Bitten Sie um Führung, damit sich die höchste Wahrheit für jeden manifestieren kann. Vertrauen Sie darauf, daß Ihre Bitte erhört wird.

Lassen Sie Ihr Tier liebevoll los. Lassen Sie es los, und *vertrauen* Sie. Denken Sie daran, daß Sie den Prozeß nicht aufhalten können. Sie können ihn nur verlängern. Mit »loslassen« meinen wir, daß Sie Ihrem Tier die Erlaubnis geben zu gehen. Es kann helfen, daß Sie sich einen Tunnel vorstellen, durch den das Tier zum Licht, in die Arme Gottes zurückkehrt. Sie können sich dort auch einen Menschen oder ein Tier vorstellen, der/das das Tier geliebt hat und schon gestorben ist, oder Sie wählen ein anderes Bild, das Ihrem Glauben oder einfach Ihrem Gefühl entspricht.

Haben Sie keine Angst vor dem Einschläfern. Oft ist dies eine bedenkenswerte Möglichkeit. Bitten Sie Ihr Tier um ein Zeichen, daß es bereit ist. Normalerweise wird ein Tier dann aufhören zu essen und zu trinken. Es ist natürlich am besten, wenn der Tierarzt nach Hause kommt und Ihrem Tier dort die Spritze gibt. Wenn das nicht möglich ist, seien Sie bei Ihrem Tier, halten Sie es, oder berühren Sie es, wenn der Tierarzt ihm die Spritze gibt. Konzentrieren Sie sich dabei auf Licht und Liebe. Dies macht es Ihrem Tier möglich, friedlich und schnell zu gehen. Sagen Sie Ihren anderen Tieren zu Hause, daß Sie ihren Gefährten nun zum Tierarzt bringen und daß er nicht nach Hause zurückkehren wird.

Machen Sie eine Zeremonie, oder verbringen Sie eine stille Zeit mit Ihrem Tier – das kann vor oder nach seinem Übergang sein. Sagen Sie ihm, wie sehr Sie es lieben und wieviel es Ihnen bedeutet. Wenn möglich und wenn sie wollen, lassen Sie die anderen Tiere der Familie daran teilnehmen. Senden Sie das gegangene Tier mit all der Liebe, die Sie aufbringen können, ins Licht.

Lassen Sie sich von Menschen unterstützen, die verstehen, was Sie durchmachen. Zeigen Sie Ihren Kummer nur denen, die Ihre Gefühle nicht herabsetzen. Gehen Sie liebevoll mit sich um.

Wenn Sie während oder nach dem Prozeß mit Ihrem Tier sprechen wollen, wenden Sie sich an einen kompetenten Tierkommunikator. Es gibt sogar ausgebildete Trauertherapeuten, die sich auf den Verlust von Haustieren spezialisiert haben. Diese können eine große Hilfe sein.

Es gibt eine Menge guter Bücher über den Tod und das Sterben. Zwei Autoren empfehlen wir besonders: Elisabeth Kübler-Ross und Stephen Levine. Denken Sie daran, daß Tiere sich wieder inkarnieren. Mein Hund Mollie ist eine Reinkarnation eines wunderbaren Hundes, den ich nach Hause zu meiner Familie brachte, bevor ich ins College ging. Ich habe Klienten geholfen, Ihr Haustier in einem neuen Körper wiederzufinden. Wenn Sie erleben, wie ein Tier in einem neuen Körper zu Ihnen zurückkehrt, werden Sie den Tod zweifelsohne mit ganz anderen Augen sehen.

Wenn Sie den Sterbeprozeß als Verwandlung annehmen können, werden Sie wachsen und viel lernen. Wir möchten dieses Kapitel mit dem Brief einer Klientin beschließen, die den Sterbeprozeß ihres Hundes annehmen konnte. Wir hoffen, daß der Brief Sie inspiriert und Ihnen Hoffnung macht, wenn Sie selbst mit dem Verlust eines geliebten Tiere konfrontiert sind.

Liebe Kate,
Abby starb früh am Samstag morgen. Es ging ihr ab Freitag abend sehr schlecht, und sie fiepte und jaulte. Ich schlief in dieser Nacht neben ihr auf dem Boden. In ihrer Verzweiflung streichelte und beruhigte ich sie. Während ich neben ihr lag, sagte ich ihr, daß es vorbei sei: Wenn sie aus freien Stücken sterben wolle, solle sie dies heute Nacht tun. Ich könnte sie nicht länger leiden lassen. Nach Stunden der Aufregung und Ruhelosigkeit entspannte sie sich vollkommen, ließ ihren Körper gegen mich sinken und fiel in tiefen Schlaf. Ich hielt sie in meinen Armen, und nachdem sie mehrere Stunden geschlafen hatte, legte ich mich im gleichen Zimmer ins Bett. Als ich kurze Zeit später aufwachte, war sie friedlich gestorben, so wie wir es uns beide gewünscht hatten.

Ich weiß nicht, wie ich dir, Kate, für deine Hilfe in den letzten Monaten danken soll. Du hast mir nicht nur geholfen, Abbys Sinn in meinem Leben vollständiger zu begreifen, du hast mir auch geholfen, den Sterbeprozeß neu zu sehen. Statt Abbys Tod mit Angst und Sorge zu erleben, lernte ich, die Schönheit und Würde wahrzunehmen, die den Prozeß begleiten. Ich bin sehr froh, daß ich die Möglichkeit hatte, diesen Prozeß mit Abby zu teilen, und doch bin ich dankbar für jeden Tag, den sie mit mir zusammen war.

Als ich vor wenigen Monaten darüber nachdachte, wie es ohne Abby sein würde, konnte ich mir nur die Leere vorstellen, die mein Herz dann erfassen würde. Ich bin so froh, daß ich die kalte, dunkle Leere nicht spüre, die ich erwartet hatte. Statt dessen fühle ich, daß alles so gekommen ist, damit sich ein neuer heller Raum in mir öffnet, der neuen, aufregenden Dingen in meinem Leben Platz macht; und Abby ist immer noch bei mir. Mit deiner Hilfe konnte ich den Ort erreichen, zu dem mich Abby führen wollte. Ich weiß, daß Abby dir sehr dankbar war, daß du mir dabei geholfen hast. Ich habe gerade eine unglaubliche spirituelle Reise beendet.
In aufrichtiger Dankbarkeit,
Barb

3

Der Körper im Gleichgewicht dank guter Nahrung

Das Gleichgewicht im Körper beginnt mit einer ausgewogenen Ernährung. Durch die oft minderwertige Fertignahrung, die wir an sie verfüttern, ist die Gesundheit unserer Katzen und Hunde heute in ernster Gefahr. Viele Krankheiten wie Krebs, Nierenerkrankungen, Hüftgelenksdysplasie (minderwertige Hüftgelenksanlage), entzündliche Darmerkrankungen, infektiöse Peritonitis (Bauchfellentzündung) und Erkrankungen des Immunsystems bei Katzen – sozusagen das tierische Aids –, um nur wenige zu nennen, treten immer häufiger auf. Warum entwickeln unsere Tiere oft schon in jungem Alter Krankheiten? Krebs ist heute die am häufigsten diagnostizierte Krankheit bei Haustieren. Ganzheitliche Tierärzte sind darin einer Meinung, daß die schlechte Ernährung ein Hauptgrund dafür ist. Auch viele andere Krankheiten sind zum größten Teil direkt auf die Ernährung unserer Haustiere zurückzuführen.

Wir glauben, daß viele Tierhalter aufschrecken und aktiv werden, wenn sie erst einmal wissen, woraus

Tierfutter tatsächlich besteht. Wenn wir gesunde Tiere wollen, ist es äußerst wichtig, daß wir die Verantwortung für ihre richtige Ernährung übernehmen.

Ein paar Worte zur Historie

Hunde und Katzen stammen von wilden Raubtieren und Aasfressern ab, und damit gehören sie zu den Jägern. Die Beute, die sie jagen, sind andere Tiere, sie sind also Fleischfresser. Haushunde stammen in erster Linie vom Wolf ab. Wölfe, Rotluchse, Berglöwen und Leoparden sind dafür geschaffen, ihre Beute zu fangen, sie mit den Zähnen aufzureißen und roh zu fressen. Wenn diese Raubtiere die verschiedensten Beutetiere – Rotwild, Antilopen, Hasen, Waldhühner, Mäuse usw. – verspeisen, fressen sie zuerst die inneren Organe, Muskeln und manchmal auch den Mageninhalt. Sie fressen Bindegewebe und Knochenmark und zermalmen zum Schluß kleine Knochen und Knorpel. Sie fressen, soviel sie können, und vergraben oder verstecken die Reste.

Hauskatzen stammen von in der Wüste lebenden Katzen ab, die keinen Zugang zu Bächen, Flüssen oder Teichen hatten. Diese Katzen nahmen die Feuchtigkeit, die sie brauchten, aus der Beute auf. Als fleischfressende Wüstentiere ernährten sie sich ausschließlich von Reptilien, Nagetieren, Insekten, Vögeln und Eiern.

Alle Raubtiere »fasten und feiern«. Sie fangen ein Beutetier und fressen es, doch danach kann viel Zeit vergehen, ohne daß sie wieder etwas erjagen. Im allgemeinen werden kleine Beutetiere in vier bis fünf Stunden vollkommen verdaut. Der Magen von Raubtieren ist dazu geschaffen, zwischen den Mahlzeiten absolut leer zu sein. Diese Fastenzeit erlaubt dem Körper, alle Nährstoffe aus der letzten Mahlzeit aufzunehmen und die Verdauungsorgane zu entleeren, so daß schädliche Bakterien und Parasiten keinen Nährboden finden. Die Natur hält Raubtiere hungrig, um sicherzustellen, daß sie die Jagd immer wieder aufnehmen. Doch man könnte grundsätzlich sagen, daß der Körper eines Fleischfressers am gesündesten ist, wenn er praktisch leer ist. Wenn Katzen und Hunde sich nicht wohl fühlen, fasten sie oft, um ihr Körpersystem zu reinigen.

Wenn wir unsere Haushunde und -katzen richtig ernähren wollen, ist es sinnvoll, ihrem natürlichen Verhalten so genau wie möglich zu folgen. Was heißt das in der Praxis?

1. Katzen und Hunde brauchen Nahrung, die Fleischfressern entspricht.
2. Sie brauchen verschiedene Sorten rohen Fleischs, das aus Muskeln und Organen besteht.
3. Sie brauchen außerdem pflanzliche Kost.
4. Sie brauchen Vitamine, Mineralstoffe und eine ausgewogene Zufuhr an Fetten.
5. Sie brauchen Zeit zwischen den Mahlzeiten, um die Nährstoffe vollständig aufzunehmen.

6. Je frischer die Nahrung, um so mehr gleicht sie ihrer natürlichen Ernährungsweise.
7. Frisches, rohes Futter enthält die nötigen Enzyme für den Verdauungsprozeß.

Wir wollen nun betrachten, wie die meisten Hunde und Katzen gefüttert werden.

1. Trockenfutter: Hat keinerlei Ähnlichkeit mit ihrer natürlichen Ernährung. Es ist nicht frisch, enthält wenig Feuchtigkeit und keine Enzyme.
2. Dosenfutter: Ist irgend etwas darin frisch?
3. Das Futter steht vierundzwanzig Stunden zur Verfügung.
4. Häppchen zwischen den Mahlzeiten: Dies verhindert die Regeneration des Verdauungstraktes der Fleischfresser.
5. Speisereste der Menschen: Schon besser, doch gewöhnlich ist alles gekocht und die Zusammensetzung nicht optimal.

Haben Sie schon einmal einen Wolf oder einen Luchs gesehen, der ein Kaninchen gegrillt, eine Dose mit Fleisch geöffnet oder eine Tüte Getreide gekauft hätte? Nein. Diese Tiere sind für solche Nahrung nicht geschaffen.

Die Ernährungsberaterin Celeste Yarnall sagt, daß rohe Nahrung für etwa fünf Stunden im Körper bleibt. Gekochte Nahrung verweilt acht bis zehn Stunden, und getrocknete Nahrung braucht vierzehn bis fünfzehn Stunden, um den Weg von der Aufnahme bis zur Ausscheidung zurückzulegen. Denken Sie daran, daß das System eines Fleischfressers überanstrengt wird und zusammenzubrechen droht, wenn der Körper permanent durch Nahrung verstopft wird. Deshalb sind alle Katzen und Hunde belastet, die gekochte Nahrung oder Fertignahrung fressen.

Wenn wir Katzen nur mit Trockenfutter ernähren und ihnen zu fressen erlauben, wann sie wollen, verstoßen wir damit gegen ihren natürlichen Körperrhythmus. Ihre Körper sind dazu geschaffen, Flüssigkeit aus der Beute aufzunehmen. Trockenfutter enthält wenig Flüssigkeit, und Katzen trinken im Gegensatz zu Hunden von Natur aus kein Wasser. Enthält die Nahrung jedoch keine Feuchtigkeit, dann müssen Katzen trinken. Dadurch, daß sie fressen dürfen, wann sie wollen, muß ihr Körper zudem ständig arbeiten, wobei unverdauliche Nahrungsreste im Verdauungstrakt zurückbleiben und einen fruchtbaren Boden für Bakterien und Parasiten bilden. Bauchspeicheldrüse, Verdauungssystem, Leber und Nieren werden dabei besonders belastet. Eine ganzheitlich arbeitende Tierärztin sagte uns, sie sei sich sicher, daß *alle* Katzen, die nur Trockenfutter fressen dürfen, nierenkrank werden. Natürlich »verbraucht« eine solche Ernährung den Körper vor der Zeit und kann zu einem Zusammenbruch des Immunsystems, zu Organversagen und anderen Krankheiten führen.

Saubere Zähne und gesundes Zahnfleisch

Trockenfutter und knusprige Kekse säubern die Zähne *nicht*, obwohl uns die Hersteller dies glauben machen wollen. Die Zähne einer Katze sind zum Durchbohren und Reißen geschaffen. Katzen haben daher auch keine Backenzähne. Die Zähne der Wildkatzen werden durch ihren sehr sauren Speichel gereinigt, der sich bildet, wenn das Tier am Beutetier reißt, sowie durch das Nagen an Knochen und sehnigem Gewebe. Obwohl Hunde einige Backenzähne haben, mit denen sie kauen können, werden die Zähne von wilden Hunden ähnlich wie die der Katzen durch das Abnagen von Knochen sowie das Zerren an der Beute gereinigt. Dr. Jean Hofve meint dazu, daß Trockenfutter als Zahnreinigung für Fleischfresser ungefähr so wirksam sei, wie das Ersetzen von Zahnbürste und Zahnseide durch Toastbrot.

Um die Zähne und das Zahnfleisch unserer Hunde und Katzen gesund zu erhalten, müssen wir sie erstens mit rohem Fleisch füttern und ihnen zweitens mindestens viermal pro Woche rohe Hälse oder Rücken von Hühnchen oder Truthahn oder Markknochen von Rindern geben (und das von biologisch ernährten, ohne Antibiotika aufgezogenen, auf der Weide gehaltenen Tieren). Mollie, unser Sheltie-Mischling, litt sechs Jahre lang unter schlechten Zähnen und krankem Zahnfleisch. Nach wenigen Monaten, in denen sie nur noch rohe Nahrung gefressen und an rohen Hühnchen- und Truthahnhälsen,

-rücken und -mägen und Rinderknochen genagt hatte, waren ihre Zähne sauberer, ihr Zahnfleisch war gesünder und ihr Atem roch zu hundert Prozent besser als in den Jahren zuvor!

Rohe Hühnchen- und Truthahnhälse sowie Rinderknochen werden *normalerweise* von Hunden und Katzen leicht verdaut. Mit »normalerweise« beziehen wir uns auf ein Verdauungssystem, das über die richtigen Magensäuren und Verdauungsenzyme verfügt, also gesund ist. Wenn ihr Tier jedoch nur Fertigfutter frißt, kürzlich Antibiotika erhalten hat, wenn es krank oder sonstwie aus dem Gleichgewicht geraten ist, können rohe Hühnerhälse und -rücken sowie Rinderknochen Magenverstimmungen und andere Schwierigkeiten verursachen. Sie können auch nicht erwarten, daß ein Mensch, der sich nur von Pommes frites und Mineralwasser ernährt, ein Steak mit Salat so einfach verdaut! Zuerst muß das Verdauungssystem geheilt und langsam an das ungekochte, nährstoffreiche Futter gewöhnt werden, dann sind rohe Rinderknochen, Hühnchen- oder Truthahnhälse, -rücken und -mägen ein wunderbares Mittel für die Zahngesundheit.

Vorsicht vor Rohlederknochen! Sie sind vom Nährstoffgehalt überflüssig und füllen den Magen und die Eingeweide, sie sind darüber hinaus ein Abfallprodukt der Rohlederindustrie und demnach mit verschiedensten Chemikalien belastet – jedenfalls die billigen. Sie können aus Haltbarkeitsgründen sogar Zyanid enthalten! Andere kommerziell hergestellte Hundeknochen werden mit Chlor gebleicht.

Was Sie über Fertignahrung wissen sollten

In der Werbung für Tierfutter wird uns wiederholt versichert, daß dieses Futter eine vollkommen ausgewogene Ernährung für unsere Katzen und Hunde sicherstelle. Wir glauben es, weil der Hersteller es behauptet. Außerdem können wir unsere Tiere auf diese Weise einfach und preiswert füttern. Sie öffnen eine Dose, Sie schütten etwas Trockenfutter in die Schüssel – fertig!

Neben der Tatsache, daß Fertignahrung jedoch von der natürlichen Ernährung eines Fleischfressers häufig ziemlich weit entfernt ist, sollten Sie wissen, was sich wirklich in der Dose oder der Tüte befindet.

Dazu ist es zunächst sinnvoll, zwischen vier verschiedenen Kategorien von Fertigfutter zu unterscheiden. Es gibt:

1. markenfreie Produkte;
2. Händlermarkenprodukte;
3. populäre Marken, die in Drogerien und Supermärkten angeboten werden;
4. hochwertige und zumeist nicht ganz billige »Premium«-Marken, die in Tierfachgeschäften und manchmal auch beim Tierarzt erhältlich sind.

Grundsätzlich läßt sich sagen, daß die Qualität von den markenfreien zu den »Premium«-Produkten hin steigt.

Meist regional produziertes und verkauftes markenfreies Futter besteht in der Regel aus preiswerten Zutaten zweifelhafter Qualität. Daß es der Hersteller dem Nährstoffbedarf der Tiere entsprechend zusammenstellt und darauf achtet, ob es toxische Substanzen enthält, daß er Qualitätsschwankungen beachtet und angemessene Kontrollen durchführt, ist bei solchen »No-name-Produkten« sicherlich nicht gewährleistet. Unser Rat: Finger weg von solchen Billigprodukten!

Fertigfutter, das von Lebensmittelketten unter der eigenen Hausmarke vertrieben wird, ist ebenfalls nicht zu empfehlen. Es wird von Großproduzenten hergestellt, die sich bei der Wahl der Zutaten eher am niedrigen Preis als an der Qualität orientieren. Ein gleichbleibender Standard sowie ein ausgewogener Nährstoffgehalt ist bei Händlermarken-Fertigfutter keinesfalls garantiert. Sie erkennen diese Marken am niedrigen Preis und an Hinweisen wie »vertrieben von ...« oder »hergestellt für ...«.

Bekannte Marken, die Sie aus der Werbung kennen, sind zwar in der Regel etwas besser als die No-name- und Händlermarken, jedoch gibt es auch an ihnen einiges zu kritisieren: Zum einen können Qualität und Inhaltsstoffe von Dose zu Dose variieren – Zutaten werden ausgetauscht, ohne daß dies auf dem Etikett ersichtlich ist –, zum anderen legt der Hersteller mehr Gewicht darauf, daß das Futter dem Tier schmeckt, als auf eine optimale Versorgung mit Nährstoffen.

Wenn Sie sich wirklich nicht dazu durchringen können, die Nahrung für Ihr Tier selbst zuzubereiten, dann besteht die einzig vertretbare Alternative in den sogenannten »Premium«-Markenfuttern. Hier liegt das Hauptaugenmerk der Hersteller in der Regel wirklich auf der optimalen Ernährung der Tiere und weniger darauf, ein billiges und wohlschmeckendes Futter zu produzieren. Die Zutaten haben hier eine gleichbleibende Qualität, die natürlich auch ihren Preis hat. Doch wenn Sie wirklich das beste für Ihr Tier wollen, führt an dieser Ausgabe kein Weg vorbei. Erkundigen Sie sich im Tierfachgeschäft nach gutem »Premium«-Markenfutter. Eine Möglichkeit, sich zu informieren, ist auch die »Stiftung Warentest«. Sie führt regelmäßig Tierfuttertests durch. Die Adresse finden Sie im Anhang.

Sie sollten jedoch unbedingt auch selbst prüfen, ob Sie ein hochwertiges Futter vor sich haben oder nicht. Versichern Sie sich zuerst, ob es sich bei dem Produkt um ein Allein- oder ein Zusatzfutter handelt, und achten Sie darauf, wie Ihr Tier auf die neue Nahrung reagiert. Verändert (verbessert) sich sein Fell? Ist das Tier gesund und vital? Wie steht es mit der Verdauung? Dabei sollten Sie eine angemessene Umstellungsfrist einräumen, in der Ihr Tier erst einmal auch mit dem hochwertigeren Futter seine Schwierigkeiten haben kann.

Sehr nützlich, um der Qualität eines Futters weiter auf den Grund zu gehen, ist eine eingehende Untersuchung. Dosen, die eine Ausbeulung nach außen aufweisen, dürfen Sie auf keinen Fall verfüttern, denn dies weist auf eine bakterielle Zersetzung des Inhalts hin; eine Beule nach innen ist jedoch unbedenklich. Riechen Sie auch an dem Futter. Riecht es faulig, ranzig oder sauer? Dann werfen Sie es weg! Wenn Sie die Dose entleert haben, prüfen Sie den Lack an der Innenwand. Ist er beschädigt oder gar nicht vorhanden, so läßt das auf mangelhafte Qualität schließen. Denn die Dosen geben dann Aluminium ab, für Ihr Tier besteht die ernstzunehmende Gefahr einer Aluminiumvergiftung.

Streichen Sie bei weicherer Nahrung einen Teelöffel voll auf einem Teller aus, und versuchen Sie, die Zutaten zu identifizieren (einen Laib schneiden Sie der Länge nach durch). Haben Sie es mit Vollnahrung zu tun, sollten Sie in jedem Fall Stücke von tierischem Gewebe sowie gequollene Getreidekörner erkennen können. Getreidehülsen, Federn oder Borsten sollten Sie hingegen auf keinen Fall entdecken, wenn Sie Ihr Tier gesund ernähren wollen, ebensowenig Metallspäne, Sand oder ähnliches.

In einem guten Futter finden sich Stücke gestreiften Muskelfleischs, während Bänder und Sehnen auf Abfallprodukte hinweisen, die in einem guten Futter nichts zu suchen haben. Untersuchen Sie die Nahrung wirklich gründlich, denn viele Produkte enthalten beispielsweise mit Speisefarbe gefärbte Sojabohnenerzeugnisse, die auf den ersten Blick nicht von faserigem Fleisch zu unterscheiden sind, sich jedoch in der Qualität sehr wohl von diesem unterscheiden.

Bei Trockenfutter sollten Sie zunächst den Sack oder Karton untersuchen. Ist er fettig, liegt der Verdacht nahe, daß das Futter von Schädlingen befallen ist. Riechen Sie daran. Ein modriger oder muffiger Geruch weist ebenfalls auf minderwertige Nahrung hin. Vergleichen Sie dann Futter, das obenauf liegt, mit einer Probe vom Boden der Packung. Viel Staub beziehungsweise »Mehl« am Boden ist ebenfalls ein schlechtes Zeichen.

Bei halbfeuchtem Futter ist es wichtig, darauf zu achten, daß die Verpackung keine Löcher aufweist, es kann dann nämlich sehr leicht austrocknen. Auch hier sollten Sie den Geruchstest machen, außerdem darf die Nahrung nicht verfärbt, ebensowenig sehr feucht oder gar naß sein. Brechen Sie einen Brocken der Nahrung auf, und untersuchen Sie ihn auf Getreidenebenprodukte wie Kornhülsen oder andere Abfälle. Diese sind Zeichen für ein mangelhaftes, billiges Futter.

Mittlerweile gibt es auch biologische Tiernahrung, die Sie hauptsächlich im Naturkostladen erhalten. Alle Hersteller garantieren, daß ein Großteil der pflanzlichen Bestandteile aus biologischer Landwirtschaft stammen, was beim Fleisch nur teilweise der Fall ist. Wie die Hersteller von »Premium«-Futter sind auch die Biofutter-Produzenten darauf bedacht, eine ausgewogene und optimale Ernährung der Haustiere sicherzustellen – und das ohne künstliche Zusatzstoffe. Wenn Sie mehr über Bio-Tierfutter erfahren möchten, können Sie sich auch an die Zeitschrift »Öko-Test« wenden (Adresse siehe Anhang).

Jetzt wissen Sie, worauf Sie bei Fertignahrung achten müssen und was Sie in dieser Hinsicht für Ihr Tier tun können:

1. Lesen Sie die Etiketten.
2. Untersuchen Sie das Futter gründlich.
3. Übernehmen Sie Verantwortung dafür, Ihre Haustiere besser zu ernähren.
4. Teilen Sie Ihr Wissen mit Freunden, Tierärzten und dem Personal der Geschäfte, in denen Sie Tierfutter einkaufen!

Die beste Tiernahrung ist selbstgemacht

Am besten ist es jedoch, wenn Sie lernen, wirklich gesunde Mahlzeiten für Ihre Hunde- und Katzenfreunde selbst zuzubereiten. Wenn Sie damit beginnen, ist es äußerst wichtig, auf eine ausgewogene Zusammensetzung zu achten. Eine unausgewogene selbstgemachte Nahrung kann schwere Mangelerscheinungen hervorrufen. Denken Sie daran: Die beste Nahrung kommt den Nährstoffen, die ein Beutetier enthält, möglichst nahe. Anders ausgedrückt versuchen die unten aufgeführten Rezepte »einen vollständigen Vogel nachzubauen«, mit all den wichtigen Vitaminen, Mineralstoffen, Fetten, Proteinen und Kohlenhydraten. Dies ist ein ausgezeichneter Ausgangspunkt.

Größe, Alter, Rasse, Bewegungsdrang, all dies und noch viel mehr spielt eine Rolle, wenn wir eine ausgewogene Ernährung entwickeln wollen. Nicht alle Tierärzte und Ernährungsberater stimmen darin überein, was genau darunter zu verstehen ist. Tatsächlich gibt es hier große Meinungsverschiedenheiten. Statt einer von Menschen entwickelten Diät eifern wir daher lieber der Natur nach. Wie schon erwähnt, sind Katzen und Hunde Raubtiere und somit dazu geschaffen, lebendige Beute zu fressen. Wir glauben, daß die beste Ernährung für jeden einzelnen Hund und jede Katze nach ihren Bedürfnissen zusammengestellt werden sollte. Jahrelange gute Erfahrungen zeigen uns, daß eine zu Hause hergestellte Mischung aus *biologischem* rohen Fleisch, gekochtem Fisch, Eiern, frischem Gemüse, Getreide, Vitamin- und Mineralstoffzusätzen eine bessere Ernährung sicherstellt als jede Fertignahrung. Doch bestimmte Hunderassen brauchen *verschiedene* Fleischsorten, Getreide und Gemüse sowie ganz bestimmte Ergänzungsstoffe. Einige Fleischsorten, Getreide und Gemüse werden für bestimmte Hunderassen nicht empfohlen. Eine Quelle reichhaltiger Information über die rassenspezifische Ernährung ist William D. Cusicks Buch *Canine Nutrition: Choosing the Best Food for Your Breed*. Cusick betont, daß jede Hunderasse aus einem bestimmten Land der Erde stammt und sich über Generationen hinweg vom dort erhältlichen Futter ernährt hat. Es macht ungeheuer viel Sinn, wenn Sie Ihrem reinrassigen Hund dieselbe Nahrung geben, die schon seine Vorfahren zu sich genommen haben – oder sich dieser zumindest so gut wie möglich annähern. Ein Chihuahua, der von den Azteken im tropischen Mexiko gezüchtet wurde, hat ganz andere Bedürfnisse als ein Bernhardiner, der in den Schweizer Alpen aufgewachsen ist!

Sie können mit den im folgenden aufgeführten Rezepten beginnen und sich mit besonders in Hunde- und Katzennahrung ausgebildeten Tierärzten oder Ernährungsspezialisten beraten, um mit diesen zusammen die beste Nahrung für Ihr Tier zu entwickeln.

Grundsätzlich ist zu sagen, daß Sie sich immer mit einem ganzheitlich arbeitenden Tierarzt oder einem speziell ausgebildeten Tierernährungsberater absprechen sollten, bevor Sie die Ernährung Ihres Haustiers verändern. Fragen Sie den Tierarzt, wie er ausgebildet ist, um abschätzen zu können, ob er etwas von Ernährung versteht. Jeder Tierarzt kann das zwar behaupten, da das Fach »Tierernährung« Teil des veterinärmedizinischen Studiums ist; dabei geht es aber nur am Rande um die Ernährung von Haustieren. Der Schwerpunkt liegt auf landwirtschaftlich gehaltenen Tieren. In der Praxis ist die Firma Hill's mit ihrer »Prescription Diet« (auch in Europa) der einzige Anbieter von Fortbildungen zur Tierernährung, jedoch ausschließlich auf der Basis ihrer eigenen Produkte. Sogenannte »Futtermittelberater« werden dabei zumeist Tierarzthelferinnen und nur selten die Tierärzte. So mag wenigstens die Arzthelferin eine Menge über diese Diäten wissen, ein wenig darüber, was sich im Tierfutter befindet, doch letztlich fast nichts darüber, welche Ernährung Katzen und Hunde brauchen, um gesund zu bleiben!

Wenn Sie sich nicht in der Lage sehen, das Futter

für Ihr Tier selbst herzustellen, aber zumindest zu einem höherwertigen Fertigfutter wechseln möchten, *gehen Sie immer langsam vor*. Das gleiche gilt natürlich, wenn Sie auf selbstgemachte Nahrung umstellen. Wenn Sie sich darüber informiert haben, was genau Ihr Tier braucht und wie Sie es bei der Veränderung begleiten können, beginnen Sie mit der Umstellung. Hier ist eine gut erprobte Methode, das neue Futter einzuführen: Gehen Sie von den Portionen aus, an die Ihr Tier gewöhnt ist. Geben Sie ihm in der ersten Woche ein Viertel des neuen Futters und drei Viertel des gewohnten. In der zweiten Woche mischen Sie eine Hälfte neues Futter mit einer Hälfte gewohntem. In der dritten Woche geben Sie nur noch ein Viertel gewohntes Futter und drei Viertel neues und schließlich nur noch das neue. Beachten Sie dabei, daß die gleiche Menge frisch gemachten Futters nur etwa halb so viele Kalorien hat wie Trockenfutter. Ersetzen Sie daher eine Tasse Trockenfutter durch zwei Tassen frische Nahrung. Beobachten Sie die Verdauung Ihres Tiers. Dort mag sich einiges verändern. Wenn Symptome wie Durchfall oder ungewöhnlicher Haarausfall auftreten, führen Sie das neue Futter noch langsamer ein. Gekochter weißer Reis kann dabei den Darm stabilisieren. Stellen Sie immer sicher, daß viel frisches Wasser im Napf ist, und beobachten Sie auch, ob Ihr Tier genug trinkt. Wenn sich Ihr Tier nicht wohl fühlt, holen Sie sofort den Rat eines ganzheitlich arbeitenden Tierarztes ein.

Denken Sie daran, daß den meisten Katzen Geflügel besser bekommt als beispielsweise Rind oder Lamm, wenngleich »rotes« Fleisch von Zeit zu Zeit gut ist, besonders bei älteren, blutarmen oder kranken Tieren, die mehr Energie brauchen. Doch Rind und Lamm mangelt es an der für Katzen wichtigen Aminosäure Arginin, die das Immunsystem und die T-Zellen-Produktion anregt. Deshalb ist es wichtig, daß Sie Rind oder Lamm zumindest mit Geflügel abwechseln. Hunde gedeihen gut bei Geflügel, Wild, Büffel, Rind oder Lamm. Geflügel kann bei Hunden angebracht sein, die zuviel Energie haben oder übermäßig aggressiv sind. Vergessen Sie nicht herauszufinden, woher Ihre Hunderasse ursprünglich stammt, damit Sie die passendsten und bekömmlichsten Eiweißstoffe, Getreidesorten und Gemüse für ihn aussuchen können. Denken Sie daran, daß wilde Hunde und Katzen verschiedene Beutetiere machen. Wenn Ihr Tier gesund und stark ist, tut es ihm gut, wenn Sie verschiedene Fleischsorten, Getreide und Gemüse füttern. Dagegen kann sich ein Tier mit einem geschwächten Organismus nicht so leicht an Veränderungen anpassen. Gehen Sie sehr langsam vor, bis sich der Organismus gestärkt und an die Vielfalt gewöhnt hat.

Um Ihnen noch ein lebhaftes Beispiel zu geben, was eine Nahrungsmittelumstellung auf wirklich gutes Futter bewirken kann, beachten Sie den Erfolg bei unserem Kater Azul: Als wir unseren Azul auf frisch zubereitete Nahrung umstellten, war er innerhalb von zwei Tagen völlig verändert! Sein Katzenklo stank nicht mehr. Es war um die Hälfte weniger Kot im Klo, weil sein Körper fast alles, was er fraß, verwerten konnte. Sein Fell wurde seidenweich, aber das Beste war, daß er viel zärtlicher und offener wurde. Er begann mehr zu schnurren und zu spielen. Es ist nur logisch, daß jeder von uns glücklich ist, wenn er das ißt, wofür sein Körper geschaffen ist.

Wir waren über die Veränderungen bei unserem Kater ebenso wie bei unserem Hund so beeindruckt, daß wir heute »Kochunterricht« geben, um den Menschen beizubringen, wie sie die einfachen Rezepte für ihre Tiere zubereiten.

Charlotte, eine prächtige orangefarbene Perserkatze, war oft gereizt und schwierig. Das Bürsten war so furchtbar für Tier und Mensch, daß ihre Herrin sich gezwungen sah, dem Tier ein paarmal im Jahr Beruhigungsmittel zu geben, um ihr Fell pflegen zu können! Nachdem sie vieles ausprobiert hatte, um Charlotte glücklicher und ruhiger zu machen, entschloß sie sich schließlich, ihr Futter frisch zuzubereiten. Zuerst wollte Charlotte nicht fressen. Es brauchte Monate, in denen ihre Herrin geduldig Leckerbissen ins Futter mischte und die verschiedensten Zutaten ausprobierte, bis die Katze schließlich und endlich die neue Nahrung akzeptierte. Während dieser Zeit begann sich ihre Persönlichkeit zu verändern. Sie wurde freundlicher und weniger abweisend. Nach wenigen Monaten mit der neuen Ernährung wurde Charlottes Fell seidiger, weicher und weniger verfilzt. Sie erlaubte sogar sanftes Bürsten. Diese Veränderungen erschienen ihrer Herrin wie ein Wunder, doch wir müssen es noch einmal betonen: Die richtige Ernährung kann jedem von uns helfen.

Wir »verwöhnen« unsere Tiere nicht, wenn wir Futter frisch für sie zubereiten. Rob Silver, D.V.M, Jean Hofve, D.V.M, und Celeste Yarnall, Ph.D., ist es zu verdanken, daß wir hier um der optimalen Gesundheit Ihrer Hunde und Katzen willen einige Grundrezepte aufgeführt haben, die Sie individuell auf Ihr Tier abstimmen können. Denken Sie nochmals daran, einen ganzheitlich arbeitenden Tierarzt zu konsultieren, bevor Sie die Ernährung Ihres Tieres verändern. Stellen Sie sich darauf ein, daß es Anpassungsschwierigkeiten geben kann. Doch Ihre Tiere werden sich mit der Zeit einer blühenden Gesundheit erfreuen!

Rezepte

Frische Katzennahrung

- 500 g rohes gehacktes Truthahn-, Hühner-, Lamm-, Büffel-, Rindfleisch oder Eier
- 60 g rohes Gemüse wie Zucchini, Karotten, gelber Kürbis, Broccoli, grüne Bohnen, Erbsen, Petersilie oder gekochter Kürbis, Yamswurzel, Gartenkürbis oder andere Gemüse Ihrer Wahl (bitte keine Zwiebeln!). Grünes Blattgemüse sollte wegen seiner Fähigkeit, Kalzium und Eisen zu binden, gedämpft

werden, wenn es in größeren Mengen verfüttert wird.

- 2 TL Weizenmehl, Haferflocken, Reis, Gerste, Quinoa, Dinkel oder Roggen so lange kochen, bis sie eine schleimartige Konsistenz haben
- 180–240 g reines Wasser oder bei Bedarf auch Hühnerbrühe (Sie können auch einfach das Getreide in Brühe kochen)
- 2 TL Leinsamen-, Hanfsamen-, Walnußöl oder eine Kombination zweier Öle
- 1 TL Dr. Silvers ausgleichendes Kalziumpulver (Rezept siehe Seite 111).

Es ist übrigens zu Anfang in Ordnung, das Fleisch ein wenig zu kochen. Mischen Sie, wenn möglich, gekochtes mit rohem Fleisch, und fügen Sie die Nahrungszusätze und Öle dazu. Sie können Fleischbrocken auch kurz in kochendes Wasser tauchen.

Getreide kann ganz weggelassen werden. Fügen Sie in diesem Fall mehr Gemüse hinzu, oder ersetzen Sie Gemüse und Getreide durch ein 120-Gramm-Gläschen »Demeter Babynahrung«, ein biologisches Gemüsegericht, oder durch 120 Gramm gebackene Süßkartoffen, in ein wenig Butter zerstampft.

Für Katzen setzt sich eine Mahlzeit aus 70 bis 80 Prozent Protein (Fleisch und Fett) sowie 20 bis 30 Prozent Gemüse und Getreide zusammen (stellen Sie sich eine Maus vor!).

Mischen Sie alle Zutaten, bis eine dicke Masse entsteht. Bei Bedarf können Sie auch mehr Wasser oder Hühnerbrühe hinzufügen.

Mischen Sie Rindfleisch mit Innereien vom Rind, Lammfleisch mit Innereien vom Lamm, Truthahnfleisch mit Innereien vom Truthahn und so weiter. Geben Sie jeden Tag ein wenig Innereien (ein Teil Innereien zu fünf Teilen Muskelfleisch), oder füttern Sie es zweimal wöchentlich. Leber, Nieren und Herz sollten von natürlich aufgewachsenen Weidetieren stammen, die pestizid- und antibiotikafrei ernährt wurden. Schneiden Sie die Innereien in Happen, die das Tier leicht schlucken kann; dazu kann eine Schere hilfreich sein. Um Ihre Katze zu bestechen, können Sie zusätzlich Leckerbissen wie Sardinen, Anchovis, »Demeter Babynahrung« mit Hühnchen oder Truthahn, Dosenmakrelen, Thunfisch, Lachs, gekochtes Hühnchen oder Truthahn ins Futter mischen.

Idealerweise empfinden Sie die natürlichen Freßgewohnheiten Ihres Tieres nach und lassen das Futter nicht länger als fünfundvierzig Minuten morgens und abends im Napf. Geben Sie zwei bis vier Monate alten Kätzchen und trächtigen oder säugenden Katzen drei- bis viermal täglich zu fressen.

Das Futter bleibt im Kühlschrank drei bis vier Tage lang frisch. Verwahren Sie es in geschlossenen Glasgefäßen, Tupperschüsseln oder Reißverschlußtüten. Es ist in Ordnung, größere Mengen zu kochen und diese portionsweise einzufrieren.

Frieren Sie das Futter jedoch nicht öfter als zweimal ein, und versuchen Sie, es nach der Zubereitung innerhalb von vierundzwanzig Stunden einzufrieren. Sie können die Nahrungsmittelzusätze vorher hineingeben, doch es ist besser, sie nach dem Auftauen frisch unterzumischen. Vor allem die schmackhaften Öle sollten erst kurz vor dem Servieren ins Futter gegeben werden, weil sie durch das Einfrieren ihre Konsistenz verändern können. Außerdem ist es immer besser, im Kühlschrank aufzutauen als auf dem Küchentisch. Stellen sie niemals etwas in die Mikrowelle! Mikrowellenöfen verändern und zerstören die Zellaktivität in der Nahrung und damit wahrscheinlich auch im Verdauungstrakt. Sie verändern zudem die Form der Eiweißmoleküle und damit den Nährwert. Am allerwichtigsten ist jedoch, daß Sie das Futter mit Liebe zubereiten und servieren – vergessen Sie das nie!

Wie groß sollten die Portionen sein? Die ideale Menge für eine Katze sollte ungefähr der Größe einer Maus entsprechen, also etwa zwei bis drei Teelöffel groß sein. Geben Sie Ihrer Katze je eine mausgroße Portion morgens und abends. Einige Katzen werden anfänglich größere Mengen verlangen. Dr. Jean Hofve rät, einer erwachsenen Katze so viel zu geben, wie sie zweimal am Tag in zwanzig bis dreißig Minuten fressen kann. Dr. Rob Silver empfiehlt eine halbe Tasse pro zehn Pfund Körpergewicht täglich. Passen Sie die Menge an die Größe, das Alter, das Gewicht und die Bedürfnisse Ihrer Katze an. Einige Katzen fressen lieber in Häppchen. Ermutigen Sie ein solches Tier, mit einer oder zwei Mahlzeiten täglich auszukommen, aber achten Sie darauf, daß es ihm dabei gutgeht.

Eine Katze, die nur Trockenfutter gefressen hat, mag das bessere Futter anfänglich ignorieren und ablehnen. Das deutet darauf hin, daß sie körperlich bereits ziemliche Schwierigkeiten hat. Je wählerischer eine Katze ist, desto abhängiger ist sie von ihrem Futter. Sie müssen die frisch zubereitete Nahrung in diesem Fall *sehr* langsam einführen. Es kann Monate dauern, bis die Katze sie wirklich akzeptiert. Versuchen Sie es mit folgendem Plan:

1. Beginnen Sie damit, das gewohnte Fertigfutter nur zweimal am Tag zu füttern, und lassen Sie den Napf maximal eine Stunde lang stehen. Geben Sie der Katze tagsüber und nachts kein zusätzliches Futter.
2. Manchmal kann ein Umstieg auf ein qualitativ besseres Trocken- oder Dosenfutter der Katze helfen, sich an die Veränderung zu gewöhnen. Führen Sie das neue Futter langsam ein. In der ersten Woche geben Sie ein Viertel neues Futter und drei Viertel des gewohnten. In der zweiten Woche mischen Sie eine Hälfte neues Futter mit einer Hälfte gewohntem. In der dritten Woche geben Sie drei Viertel neues Futter und ein Viertel gewohntes. Und in der vierten Woche füttern Sie nur noch das neue Futter.
3. Wenn die bessere Dosen- oder Trockennahrung angenommen worden ist, nehmen Sie einen Teelöffel von der nach obigem Rezept zubereiteten Nahrung und mischen ihn gründlich unter das Futter. Sie können außerdem etwas Hackfleisch kochen und dazugeben oder die Flüssigkeit einer

Thunfischkonserve, ein wenig Thunfisch, Lachs oder andere Leckerbissen.

4. Wenn Sie immer noch Trockenfutter geben, zermahlen Sie etwas davon. Formen Sie erbsengroße Fleischbällchen nach dem Rezept, und rollen Sie diese in dem gemahlenen Trockenfutter. Geben Sie der Katze etwas Trockenfutter und dann die Fleischbällchen.
5. Wenn sich Ihre Katze dann immer noch weigert, das neue Futter anzunehmen, legen Sie ihr das Fleischbällchen ins Maul. Dieser Trick, einige Tage lang konsequent angewandt, hat in der Praxis schon häufiger bewirkt, daß sich die Katze schließlich dazu entschloß, das neue Futter zu mögen.
6. Erinnern Sie Ihre Katze daran, daß das alte Futter sie krank machen oder ihr Leben zumindest verkürzen wird. Ihr Körper braucht das neue Futter, damit sie bis ins hohe Alter gesund und kräftig bleibt.
7. Geben Sie nicht auf! In den meisten Fällen zahlt sich Durchhaltevermögen aus. Wir kannten jedoch auch Katzen, die bis zu ihrem Tod das Futter verweigerten, das ihnen gutgetan hätte. Manchmal kann eine erst spät übernommene Katze (oder ein Hund), die lange Zeit an Futtermangel litt oder hungern mußte, auf ihr gewohntes Futter fixiert bleiben. Sie befürchtet dann immer noch, daß es keine nächste Mahlzeit geben könnte (wenn Sie solche Verhaltensweisen verändern wollen, lesen Sie das Kapitel über die Bach-Blütenessenzen).

8. Lassen Sie eine Katze nicht länger als vierundzwanzig Stunden hungern. Wenn Ihre Katze das neue Futter verweigert, dann geben Sie ihr etwas von dem gewohnten. Wenn sie das gefressen hat, stellen Sie es weg und bieten ihr ein wenig von dem neuen Futter an, vielleicht vermischt mit dem gewohnten. Seien Sie kreativ und kooperativ. Wenn das nicht funktioniert, suchen Sie Hilfe bei einem ganzheitlich arbeitenden Tierarzt oder nehmen Sie Kontakt mit uns auf. Glücklicherweise tendieren Hunde meist direkt zum besseren Futter. Doch wenn Sie einen ausgesprochen wählerischen Hund haben, können Sie dieselben Vorgehensweisen ausprobieren.

Und noch etwas ganz Wichtiges: Zuerst müssen Sie und Ihre Familie hinter der neuen Ernährung stehen. Wenn Sie nicht vollkommen davon überzeugt sind, wird Ihr Tier dies spüren und einfach so lange warten, bis Sie aufgeben. Schauen Sie sich Ihre eigenen Eßgewohnheiten an. Kann das Servieren von Fertignahrung Liebe ausdrücken? Ist es liebevoll, Ihrem Tier zuviel zu fressen zu geben, wenn Sie wissen, daß Sie damit seine Gesundheit zerstören? Würden Sie Ihre Kinder mit Kartoffelchips und Cola ernähren, nur weil ihnen das schmeckt? Wollen Sie Ihre Lieben im Augenblick glücklich machen, oder wollen Sie ihnen eine Grundlage für ein gesundes, glückliches Leben geben?

- 500 g rohes Hackfleisch oder Geflügel
- 360 g rohes Gemüse wie Zucchini, Karotten, gelber Kürbis, Broccoli, grüne Bohnen, Erbsen, Petersilie oder gekochter Kürbis, Yamswurzel, Gartenkürbis oder andere Gemüse Ihrer Wahl. Grünes Blattgemüse sollte wegen seiner Fähigkeit, Kalzium und Eisen zu binden, gedämpft werden, wenn es in größeren Mengen verfüttert wird. Verwenden Sie bitte keine Zwiebeln!
- 240–300 g Weizenmehl, Haferflocken, Reis, Gerste, Quinoa, Dinkel oder Roggen so lange kochen, bis sie eine schleimartige Konsistenz haben
- 180–240 g reines Wasser oder bei Bedarf auch Hühnerbrühe (Sie können auch das Getreide in Brühe kochen)
- 2 TL Leinsamen-, Hanfsamen-, Walnußöl oder eine Kombination zweier Öle
- 1 TL Dr. Silvers ausgleichendes Kalziumpulver (Rezept siehe Seite 111)

Es ist übrigens zu Anfang in Ordnung, das Fleisch ein wenig zu kochen. Mischen Sie, wenn möglich, gekochtes mit rohem Fleisch, und fügen Sie die Nahrungszusätze und Öle hinzu. Sie können Fleischbrocken auch kurz in kochendes Wasser tauchen.

Getreide kann ganz weggelassen werden. Fügen Sie mehr Gemüse zu, oder ersetzen Sie Gemüse und Getreide durch ein 120-Gramm-Gläschen »Demeter Babynahrung«, ein biologisches Gemüsegericht, oder durch 120 g gebackene Süßkartoffen, in ein wenig Butter zerstampft.

Für Hunde setzt sich eine optimale Mahlzeit aus 25 bis 40 Prozent Protein (Fleisch und Fett) sowie 60 bis 75 Prozent Gemüse und Getreide zusammen (stellen Sie sich ein Kaninchen, einige Holzäpfel, Wurzeln usw. vor).

Mischen Sie alle Zutaten, bis ein dicker Eintopf entsteht. Bei Bedarf können Sie auch mehr Wasser oder Hühnerbrühe hinzufügen.

Mischen Sie Rindfleisch mit Innereien vom Rind, Lammfleisch mit Innereien vom Lamm, Truthahnfleisch mit Innereien vom Truthahn und so weiter. Geben Sie jeden Tag nur wenig Innereien (ein Teil Innereien zu fünf Teilen Muskelfleisch), oder füttern Sie es zweimal wöchentlich. Leber, Nieren und Herz sollten dabei von natürlich aufgewachsenen Weidetieren stammen, die pestizid- und antibiotikafrei ernährt wurden.

Schneiden Sie die Innereien in Happen, die das Tier leicht schlucken kann; dabei kann eine Schere hilfreich sein. Sie können Leckerbissen wie gekochtes Fleisch oder das, was Ihr Hund gern mag, ins Futter mischen, damit Ihr Hund »anbeißt«. Hunde gewöhnen sich normalerweise rasch an das neue Futter. Falls nicht, haben Sie Geduld! Diese Ernährung bedeutet ein längeres, gesünderes Leben für Ihr Tier. Alles andere ist ein Kompromiß.

Idealerweise empfinden Sie die natürlichen Freßgewohnheiten eines Raubtiers nach und lassen das Futter morgens und abends nicht länger als fünfundvierzig Minuten im Napf. Geben Sie Welpen und trächtigen oder säugenden Hündinnen mehr.

Das Futter bleibt im Kühlschrank drei bis vier Tage frisch. Verwahren Sie es in geschlossenen Glasgefäßen, Tupperschüsseln oder Reißverschlußtüten auf. Es ist durchaus in Ordnung, größere Mengen zu kochen und diese portionsweise einzufrieren. Frieren Sie das Futter jedoch nicht öfter als zweimal ein, und versuchen Sie, es nach der Zubereitung innerhalb von vierundzwanzig Stunden einzufrieren. Sie können die Nahrungsmittelzusätze vor dem Einfrieren hineingeben, doch besser ist es, sie nach dem Auftauen unterzumischen. Geben Sie besonders die schmackhaften Öle erst kurz vor dem Servieren ins Futter, weil sie durch das Einfrieren ihre Konsistenz verändern können. Und es ist immer besser, das Futter im Kühlschrank aufzutauen als auf dem Küchentisch. Stellen sie niemals etwas in die Mikrowelle! Mikrowellenöfen verändern und zerstören die Zellaktivität in der Nahrung und damit wahrscheinlich auch im Verdauungstrakt. Sie verändern die Form der Eiweißmoleküle und damit den Nährwert. Am allerwichtigsten ist jedoch, daß Sie das Futter mit Liebe zubereiten und servieren – vergessen Sie das nie!

Wie groß sollten die Portionen sein? Ein siebzig bis neunzig Pfund schwerer Hund braucht zwei Pfund Futter am Tag. Dr. Rob Silver empfiehlt, eine Tasse Trockenfutter durch zwei bis vier Tassen frisches Futter zu ersetzen, um dieselbe Kalorienzahl zu erreichen. Beginnen Sie am besten mit einer geringeren Menge, um die Bedürfnisse Ihres Tieres einschätzen zu lernen, und überfüttern Sie es nicht. Seien Sie flexibel, und geben Sie Ihrem Hund genausoviel wie immer. Er wird Ihnen zeigen, was sein Körper braucht. Zuerst mag es so scheinen, als ob er nicht genug kriegen könnte. Das geschieht deshalb, weil sich sein Körper an die »richtige« Nahrung gewöhnt. Wenn die Ernährung stimmt, reguliert der Hund die Nahrungsaufnahme gewöhnlich ganz von selbst.

Vitamine, Mineralstoffe und essentielle Fettsäuren

Für alle, die ein Vitamin- und Mineralstoffpräparat selbst mischen wollen, schlagen wir das Rezept von Dr. Rob Silver vor. Er nennt es »ausgleichendes Kalziumpulver«, weil es Kalzium und Phosphor in der Ernährung ausgleicht und ein großes Spektrum von Vitaminen und Mineralstoffen bietet.

Dr. Silvers ausgleichendes Kalziumpulver

- 1 Teil Bierhefe
- 2 Teile Kelppulver
- 1 Teil Lezithingranulat
- 1 Teil Knochenmehl

Einige Katzen und Hunde können empfindlich auf Hefe reagieren. Ersetzen Sie diese durch 5–10 mg eines Vitamin-B-Komplexes für Katzen und kleine Hunde, 10–25 mg für mittelgroße, etwa 30–60 Pfund schwere Hunde und 25–50 mg für große Hunde. Verwenden Sie immer Zutaten, die auch für Menschen zugelassen sind. Sie können jeden Teelöffel Knochenmehl durch 700 mg Kalziumlaktat oder Glukonat oder einen Drittel Teelöffel Eierschalenpulver ersetzen. Um Eierschalenpulver herzustellen, backen Sie die Eierschalen fünfundvierzig Minuten lang bei 220 Grad und zermahlen sie dann (1 TL = 5 g; 1 Tasse = 240 g). Stellen Sie die Mischung luftdicht verpackt in den Kühlschrank.

Geben Sie Hunden täglich einen bis zwei Teelöffel pro fünfzehn Pfund Körpergewicht. Für Katzen sind ein viertel bis ein halber Teelöffel täglich zu empfehlen. Ersetzen Sie mit dieser Pulvermischung den Teelöffel Knochenmehl im Rezept für frisches Hundefutter.

Dr. Rob Silver empfiehlt Leinsamen-, Handsamen-, Walnußöl und Fischöl als beste Quellen für essentielle Fettsäuren. Diese Öle können abgewechselt oder gemischt werden. Sie enthalten Omega-3-Fettsäuren, Qualitätsfette sowie Vitamine und können zusammen mit dem ausgleichenden Kalziumpulver verwendet werden. Fügen Sie für Katzen und kleine Hunde 100 IE Vitamin E hinzu, für mittelschwere Hunde (30–60 Pfund) 200 IE und für große Hunde 400 IE. Vitamin E ist ein kraftvolles Antioxidans. Bewahren Sie das Öl im Kühlschrank auf.

Geben Sie Hunden täglich einen Teelöffel pro 15 Pfund Körpergewicht. Erhöhen Sie die tägliche Dosis nicht, es sei denn, Sie werden von Ihrem Tier dazu aufgefordert. Geben Sie Katzen täglich einen viertel bis einen halben Teelöffel.

Fügen Sie den Laktobazillus Acidophilus und/oder Bifidus hinzu. Joghurt mit aktiven Kulturen kann nützlich sein, um Ihr Tier bei der Aufnahme der Nährstoffe zu unterstützen.

Denken Sie daran, das Futter maximal eine Stunde im Napf zu lassen. Freies Füttern ist nicht gut für den Körper eines Raubtiers. Stellen Sie die Reste in den Kühlschrank. Bei der nächsten Mahlzeit können Sie diese mit etwas warmem Wasser anwärmen. Rohe Fleischreste sollten nicht öfter als zweimal in den Freßnapf wandern und dann weggeworfen werden, bei heißem Wetter noch früher. Gebrauchen Sie Ihren gesunden Menschenverstand. Wenn Futter verdorben riecht, werfen Sie es weg. Frisches, gefiltertes Wasser sollte Ihrem Tier jederzeit zugänglich sein. Wir kennen eine Katze, deren chronische Blasenentzündung sich sofort besserte, als ihr Besitzer von Leitungswasser zu gefiltertem Wasser wechselte. Wenn Ihre Katze oder Ihr Hund Nierenprobleme hat, sollten Sie am besten destilliertes Wasser geben.

Nehmen Sie für Futter und Wasser Keramik- oder Glasschüsseln, und reinigen Sie die Näpfe regelmäßig mit heißem Seifenwasser. Plastikschüsseln können Bakterien beherbergen; Stahlschüsseln können elektromagnetisch geladen sein.

Wenn Sie befürchten, daß Sie Ihr Tier zum Betteln verleiten, wenn Sie ihm »Menschennahrung« geben, sollten Sie zwei Dinge bedenken:

1. Die Tiere verlangen verzweifelt nach frischer, hochwertiger Nahrung.
2. Wir bringen Ihnen bei, daß Betteln in Ordnung ist, wenn wir sie am Tisch oder beim Zubereiten von Nahrung füttern.

Wenn ein Tier aus reiner Not bettelt, werden besseres Futter und eine geeignete Ernährung das Problem beseitigen. Wenn Ihr Tier gewohnheitsmäßig bettelt, dann müssen Sie und das Tier das Verhalten ändern!

Drei Schritte zu gesunder Pferdenahrung

Das normale Tausend-Pfund-Pferd braucht täglich große Mengen an Wasser. Und bedenken Sie: *Pferde grasen*. Anders als Katzen und Hunde sind Pferde dazu geschaffen, den ganzen Tag lang zu fressen, und nicht nur zweimal täglich. Sie brauchen frische Gräser, Getreide, viel Wasser und Sonne. Steigen Sie nach Möglichkeit auf biologisches Futter um, da das meiste Pferdefutter voller Pestizide ist. Wenn Sie sich informieren wollen, wo Sie biologisches Futter und ganzheitliche Behandler finden können, lesen Sie

Zeitschriften wie *Pferd und Reiter* und andere Spezialzeitschriften für Pferde und Reitsport.

Um Ihr Pferd auf neue, gesündere Nahrung sowie eine angemessene Ernährungsweise umzustellen, gehen Sie folgendermaßen vor:

1. Füttern Sie wenig und oft.
2. Verändern Sie die Nahrung allmählich.
3. Geben Sie viel sauberes Wasser.

Warum biologisches Fleisch, Getreide und Gemüse?

Tiere, deren Fleisch »biologisch« genannt wird, müssen natürlich aufgewachsen und mit biologischem Futter ohne Antibiotika und Hormone ernährt worden sein. Leber und Nieren speichern und verarbeiten Giftstoffe. Wenn Sie Ihrem Haustier daher die Innereien von Kühen und Hühnern geben, die mit Antibiotika, Hormonen und pestizidverseuchtem Futter ernährt wurden, kann es hohe Konzentrationen dieser Giftstoffe aufnehmen. Die Konzentration dieser Toxine kann Katzen und Hunde sogar töten, wenn Sie genug Innereien fressen (lesen Sie die Etiketten von Fertignahrung sorgfältig, damit Sie kontrollieren können, wieviel Innereien Ihr Tier zu fressen bekommt: Leber ist häufig ein Hauptbestandteil im Dosenfutter für Katzen). Nicht nur aus diesem

Grund sollten Sie auf biologische Zutaten achten, wenn Sie die Nahrung für Ihr Tier zubereiten.

Kühe und Hühner, die nach biologischem Standard aufgezogen werden, haben außerdem ein viel besseres Leben als ihre Artgenossen. Normalerweise werden sie pestizid-, fäkalien- und sägemehlfrei ernährt, erhalten weder Antibiotika noch Hormone, leben sauberer und haben mehr Platz. Viele dieser Tiere leben auf der Weide oder frei im Stall. Die meisten werden auf humane Weise geschlachtet.

Die Eier und das Fleisch solcher Tiere sind daher sauberer und bieten vor allem eine energetisch hochwertigere Nahrung. Biologische Gemüse und Getreide sind weitgehend frei von Pestiziden und chemischen Düngemitteln. Auch sie verfügen somit über Energie und Lebenskraft, die den Körper unseres Tiers besser ernährt als Produkte aus dem industriellen Gartenbau.

Und schließlich unterstützen Sie mit dem Kauf von biologischer Nahrung Bauern, die ihr Bestes geben, um die Erde zu achten. Nahrungsmittel, die durch bodenschonende Methoden gewonnen werden, stellen sicher, daß auch zukünftige Generationen von Menschen und Tieren mit Nahrung versorgt werden können. Wir meinen, daß uns, die wir unsere Tiere, unsere Kinder und die Erde lieben, einfach keine andere Wahl bleibt.

Die Informationen und Vorschläge in diesem Kapitel sollen Ihnen helfen, die Ernährung Ihrer Tiere zu verbessern. Einige Menschen sorgen sich vielleicht wegen der Kosten und des höheren Zeitaufwands, die dazu notwendig sind. Durch die Zeit und das Geld, die Sie in gute Nahrung investieren, sparen Sie jedoch Kosten für unnötige Tierarztrechnungen, teure Medikamente und Therapien. Am wichtigsten ist jedoch, daß die Ernährung ein Fundament für die Gesundheit und das Gleichgewicht bildet, das Ihrem Haustier zu einem langen und glücklichen Leben verhelfen wird.

Zuletzt möchten wir noch auf Dr. Francis Pottengeris zehnjährige Studie mit Katzen verweisen. Er untersuchte etwa neunhundert Katzen, die unterschiedlich ernährt wurden. Von Anfang an wurde eine Gruppe mit rohem Fleisch, frischer, nicht pasteurisierter Kuhmilch und Lebertranöl gefüttert. Im Gegensatz dazu bekam die andere Gruppe gekochtes Fleisch und pasteurisierte Milch. Dr. Pottengeri beobachtete die Auswirkungen dieser beiden Diäten über mehrere Generationen hinweg. Die Katzen, die das rohe Fleisch erhielten, blieben gesund, lebten lange und gebaren Generation für Generation gesunde Jungen. Die Katzen, die gekochtes Fleisch fraßen, entwickelten Verhaltensstörungen und verschiedenste Krankheiten, hatten ein stumpfes Fell und brachten teilweise mißgestaltete, kranke Junge zur Welt, die nach einer oder zwei Generationen nicht mehr fortpflanzungsfähig waren. Bitte beachten Sie, daß es sich dabei nur um gekochtes Futter, nicht einmal um Fertignahrung handelte, die noch weniger lebendig ist als gekochte Nahrung! Diese großangelegte Studie, die vom tierärztlichen Establishment zum Großteil ignoriert wurde, beweist, daß es in jedem

Fall gut ist, das Futter frisch zuzubereiten und biologisches rohes Fleisch in die Nahrung unserer Tiere zu mischen.

4

Bach-Blütenessenzen für ein ausgeglichenes Gemüt

Nachdem wir besprochen haben, wie Sie Ihren Tieren helfen können, durch die richtige Ernährung ihr körperliches Gleichgewicht zu finden, wollen wir Ihnen zu guter Letzt einen Weg aufzeigen, mit dessen Hilfe Sie Ihr Tier auch emotional ins Gleichgewicht bringen. Es gibt ein außergewöhnliches, preiswertes und sehr wirksames Hilfsmittel, das Tiere nicht nur auf räumliche Veränderungen, Operationen oder Reisen vorbereitet, sondern ihnen darüber hinaus hilft, mit Angst, Schüchternheit, Verhaltensproblemen und körperlichen wie emotionalen Traumata nach Mißhandlung, Vernachlässigung oder Aussetzen fertig zu werden. Dieses Hilfsmittel sind die Blütenessenzen, die der Arzt Dr. Edward Bach entwickelt hat. Die Blütenessenzen waren ursprünglich für Menschen gedacht, doch es stellte sich heraus, daß sie genausogut bei Tieren wirken.

Kleiner historischer Abriß

Der Arzt Dr. Bach wurde in Wales geboren und praktizierte in den späten zwanziger Jahren in England. Er nahm es sich sehr zu Herzen, daß einige seiner Patienten einfach nicht gesund wurden. Als er sich näher mit ihnen befaßte, bemerkte er, daß jeder von ihnen ein größeres emotionales Problem oder Trauma hatte. In ihm reifte die Überzeugung, daß er zuerst die Seele dieser Patienten heilen mußte, bevor sie körperlich gesund werden konnten. Da die Schulmedizin nur wenig befriedigende Hilfen bot, gab Dr. Bach seine Praxis auf und widmete sich der Forschung. Er dachte über Blumen und Bäume nach, weil er wußte, daß die meisten Medikamente pflanzlichen Ursprungs sind. Vielleicht konnte die Energie der Blumen und Bäume die Energie der menschlichen Patienten beeinflussen? Er experimentierte mit den Blumen und Bäumen in seinem Garten und im umliegenden Land und brachte intuitiv die Symptome emotionalen Ungleichgewichts mit der jeweiligen Pflanze zusammen, die bei deren Heilung helfen kann. So fand er zum Beispiel heraus, daß die Stechpalme Eifersucht und schlechte Laune positiv beeinflussen konnte. Dr. Bach machte die heilende Energie von Blumen und Bäumen nutzbar, indem er ihre Blüten pflückte und sie einige Stunden in gereinigtem Wasser in die Sonne stellte. Durch diesen Prozeß wurde die Energie der Blüten auf das Wasser übertragen. Dann verdünnte er die wäßrige Essenz, füllte sie in kleine Fläschchen und machte jedes Fläschchen mit Brandy haltbar.

So arbeitete Dr. Bach mit den Blumen und Bäumen seiner Umgebung und entwickelte achtunddreißig Einzelmittel sowie eine Kombination für Notfälle: die *Rescue Remedy* oder »Notfalltropfen«.

Dr. Bach testete die »Blütenessenzen« zuerst bei sich selbst und dann bei seinen Patienten. Die Ergebnisse waren verblüffend. Kindheitstraumata, Wut, Eifersucht, Angst, Mißtrauen, Ungeduld, Intoleranz, mißbrauchendes Verhalten und selbstsüchtige Liebe, alles kam wieder ins Gleichgewicht und wurde heil. Zuletzt waren die Patienten bereit, auch körperlich gesund zu werden.

Wie wirken die Bach-Blütenessenzen? Ähnlich wie homöopathische Mittel. Man glaubt, daß sie genau wie Homöopathika am Energiekörper oder der Aura eines Menschen oder Tieres ansetzen, dem nichtphysischen Teil von uns also, der unseren physischen Körper umgibt. In diesem Energiekörper oder Ätherleib manifestiert sich das Ungleichgewicht oder die Krankheit oft, bevor sie sich im physischen Körper zeigt. Dr. Bach glaubte, daß der physische Körper dauerhaft gesunden könne, wenn man das Ungleichgewicht im Ätherleib heilte. Auf wundersame Weise helfen die energetischen Eigenschaften der Blüten Mensch und Tier, harmonischer zu werden sowie emotional und körperlich (wieder) ins Gleichgewicht zu kommen. Seit über sechzig Jahren wurde und wird zahllosen Menschen und Tieren durch die Bach-Blütenessenzen geholfen, wenn Medikamente und konventionelle Therapien wenig oder nichts für ihre emotionale Gesundheit tun können.

Wie finden Sie die »richtigen« Blütenessenzen? Unten haben wir aufgeführt, wie die Blüten auf Tiere wirken. Dr. Dee Blanco lehrte uns, die Blütenessenzen anzuwenden. Dr. Joann Stefanatos und Dr. Jean Hofve rundeten unser Wissen mit ihren Erfahrungen ab. Wir hoffen, daß diese Informationen Ihnen und Ihren Tieren helfen werden. Wenn Sie mehr über die Wirkung von Bach-Blütenessenzen auf den Menschen erfahren möchten, finden Sie in einer Bibliothek oder im Buchhandel zahlreiche Veröffentlichungen über dieses Thema.

Dr. Stefanatos schrieb für die Zeitung *Journal of the American Holistic Veterinary Medical Association*: »Denken Sie daran, daß Tiere nicht nur einen physischen Körper, sondern auch einen Emotionalkörper besitzen. Die Bach-Blütenessenzen schwingen mit dem Emotionalkörper, um Gleichgewicht und Harmonie im physischen Körper wiederherzustellen. Der emotionale Zustand eines Tieres entscheidet darüber, wie schnell sein Körper wieder gesund wird. Zuerst muß sich die Energie verändern, dann kann die physische Struktur folgen. Deshalb verändert sich umgekehrt auch zuerst die Energie in der Aura eines Tieres, bevor sich Symptome körperlich manifestieren. Jede Unausgeglichenheit im Mentalkörper führt zu den Symptomen, die uns die Tiere in unseren Praxen täglich zeigen.«

Viele Tierkliniken, Tierheime, Rettungshundeführer, Hundetrainer und Tierbesitzer wenden die Bach-Blütenessenzen bei ihren Tieren an. Dr. Jean Hofve, die früher in der South-Penn-Katzenklinik in Denver arbeitete, sprühte zwischen den einzelnen Untersuchungen Notfalltropfen in den Praxisraum. Sie bemerkte, daß die Katzen daraufhin völlig anders reagierten als zuvor. Sie waren ruhiger, entspannter und »arbeiteten« besser mit. Das Katzentierheim in Lakewood, Colorado, hält alle neununddreißig Blütenessenzen für aufgegriffene, streunende Katzen bereit. Häufig gibt man dort den neuen Besitzern Blütenmischungen für die Katzen mit, um die Umstellung zu erleichtern und der Katze zu helfen, sich gut an das neue Zuhause und die Familie zu gewöhnen.

Weitere Tierärzte berichten, daß es bei Operationen weniger Komplikationen gibt und daß die Tiere danach viel schneller wieder gesund werden, wenn unterstützend Bach-Blütenessenzen gegeben werden. Die Pferdetrainerin Karen Withman verwendet sie seit Jahren bei ihren Pferden und bei den Pferden ihrer Klienten und erlebt immer wieder bemerkenswerte Effekte: Mit Hilfe der Blütenessenzen können die Pferde negative Erinnerungen, blockierende Verhaltensmuster sowie Ängste loslassen. Sie fand heraus, daß sich die Tiere länger und besser konzentrieren und mehr von den neuen Lektionen behalten können.

Barbara Ludt, die sich seit langem um die Rettung von Frettchen und anderen Tieren in Florida kümmert, verwendet die Blütenessenzen, um kranken und sterbenden Tieren zu helfen. Sie schätzt sie besonders bei der Heilung von »Angstbeißern«.

Wenn alle Tierheime, Tierärzte und -retter regelmäßig Notfalltropfen verwendeten, könnten sie bei den Tieren bemerkenswerte Wirkungen feststellen: Hunde sind weniger ängstlich und aggressiv, Wildkatzen werden ruhiger und weniger »kratzbürstig«, verletzte Tiere werden kooperativer und sind weniger panisch. Die Notfalltropfen bewirken wirklich kleine Wunder.

Die Bach-Blütenessenzen für Tiere (und Pflanzen)

Jede Blütenessenz, die unten aufgeführt ist, wurde aus der Blüte eines Baumes oder einer Blume gewonnen, außer Rock Water (Quellwasser). Die Rock-Water-Essenz wird aus einem Fluß geschöpft, dessen sprudelndes Wasser über Steine fließt. Heute werden alle Bach-Blütenessenzen streng nach Dr. Bachs Anweisungen hergestellt. Sie können einzeln und als vollständiges Set in der ganzen Welt bezogen werden. Eine Bezugsquelle finden Sie im Anhang.

Agrimony (Odermennig)

Für Tiere, die sich nie beschweren, selbst wenn offensichtlich ist, daß sie Schmerzen leiden.
Für Tiere, die sich aufgrund einer Hautreizung durch Nahrungsmittelallergien, Pollen oder einer Allergie gegen Gras wund lecken.
Für Tiere, die eine Operationsnaht immer wieder auflecken.
Für Tiere, die von beißenden Fliegen, Flöhen oder Parasiten gequält werden.
Für Tiere, die ruhelos sind und von einem Platz zum anderen wandern. Wenn sie sich endlich an einer Stelle niedergelassen haben, finden sie auch dort keine Ruhe und suchen weiter.
Für Tiere, die hin- und herlaufen, besonders für wilde Tiere, die sich nicht an die Gefangenschaft gewöhnen können.

Das Schlüsselwort für Agrimony ist *Toleranz.*

Aspen (Zitterpappel)

Für Tiere, die sich sehr leicht erschrecken.
Für Tiere, die sich einsam und ängstlich fühlen und Anschluß brauchen.
Für Tiere, die sich vor und während starker Stürme, Gewitter, Tornados, Überschwemmungen oder Erdbeben bedroht fühlen.
Für Tiere in Tierheimen, die spüren, daß andere Tie-

re sterben müssen, und wissen, daß sie als nächste dran sind, wie die Angst des Viehs vor dem Schlachten (Pflanzen und Bäume empfinden übrigens ähnlich, wenn ihre Umgebung von Maschinen zerstört wird).

Das Schlüsselwort für Aspen ist *Verbindung*.

Beech (Rotbuche)

Für Tiere, die beim Essen wählerisch sind oder das Futter zurückweisen, besonders für Katzen.
Für Tiere, die ständig bellen, jaulen, fiepen oder sich sonstwie beschweren.
Für Tiere, die Gräser nicht vertragen.
Für Tiere, die Hitze, Feuchtigkeit oder Kälte nicht vertragen.
Für Tiere, die keine Kinder oder anderen Tiere mögen. Besonders für ältere Tiere, die einen Welpen oder ein junges Kätzchen ertragen müssen.
Für Tiere, die keine neuen Menschen im Haus oder überhaupt in ihrer Nähe dulden:

- Katzen, die auf die Sachen des neuen Partners ihrer Herrin/ihres Herrn pinkeln;
- Hunde, die den neuen Partner angreifen oder anknurren;
- Vögel, die nach dem neuen Eindringling hacken und so ihre Abneigung zeigen;
- Pferde, die verrückt spielen, wenn sie nicht von ihrem gewohnten Reiter geritten werden.

Das Schlüsselwort für Beech ist *Akzeptanz*.

Centaury (Tausendgüldenkraut)

Für Tiere, die nicht für sich einstehen und anderen Tieren erlauben, sie herumzuschubsen:

- Pferde auf der Koppel;
- Vögel in Käfigen;
- Katzen, die Hunde angreifen und umgekehrt.

Für Tiere, die übertrieben aufmerksam und anhänglich sind und ihrem Besitzer um alles in der Welt gefallen wollen.
Für Tiere, deren Lebenswillen gestärkt werden muß, besonders wenn sie mit einer Krankheit kämpfen, einen Unfall erlitten haben oder während einer schweren Entbindung.
(Außerdem: Für Pflanzen mit schwach aussehenden Zweigen, die leicht eingehen und scheinbar nicht leben wollen, besonders wenn die sie umgebenden Pflanzen sie leicht überwuchern und ihnen das Licht nehmen.)

Das Schlüsselwort für Centaury ist *Positivität*.

Cerato (Bleiwurz)

Für Tiere, die Sicherheit, Durchhaltevermögen und Stärke brauchen.
Für Tiere, die oft abgelenkt und unaufmerksam sind.

Für Tiere, die sich leicht ablenken lassen, die aber während einer Ausbildung, eines Wettbewerbs oder bei der Jagd auf die Befehle ihres Herrn/ihrer Herrin hören müssen.

Das Schlüsselwort für Cerato ist *Überzeugung*.

Cherry Plum (Kirschpflaume)

Für Tiere, die die Kontrolle verlieren, verrückt spielen und wild werden und in Haus oder Hof Zerstörung anrichten:
- hinterhältige Tiere, die gefährlich werden, wenn man sie reizt;
- feinnervige Tiere, einschließlich Pferde;
- alle Tiere (beider Geschlechter) während der Paarungszeit.

Für Tiere, die die Kontrolle behalten müssen:
- in Wettbewerben, wenn sie von fremden Menschen, Geräuschen, Schüssen und/oder anderen Tieren erschreckt werden;
- wenn sie sehen, daß ein anderes Tier in ihr Revier eindringt.

Für Tiere, die beim Reisen panisch reagieren:
- Katzen bei Autofahrten;
- Pferde, die scheuen, wenn sie in den Anhänger gehen sollen;
- alle Tiere bei Flugreisen.

Für Tiere, die unter Anfällen und Panikattacken leiden und die Kontrolle über Körperfunktionen (zum

Beispiel Blasenfunktion) verlieren und an möglichen Fehlbildungen leiden.
Für Tiere, die sich beißen, ihren eigenen Schwanz verfolgen, Grasallergien haben oder sich nach einer Operation nicht an der Naht lecken dürfen.

Das Schlüsselwort für Cherry Plum ist *Selbstkontrolle.*

Anmerkung: Cherry Plum ist eine der fünf Blütenessenzen, die Bestandteil der Notfalltropfen sind.

Chestnut Bud (Knospe der Roßkastanie)

Für Tiere, die sich schlechte Angewohnheiten abgewöhnen müssen:
- Hunde, die Schuhe zerbeißen, im Abfall wühlen usw.;
- Hunde, die Pferde, Autos, am Zaun entlangjagen usw.;
- Hunde, die Eier oder Hühner fressen;
- Hunde, die an jedem hochspringen;
- Pferde, die die Koppel nicht verlassen.

Für Tiere, denen es schwerfällt, ihre Lektionen zu lernen.
Für Tiere, die ihr Lerntempo und ihr Gedächtnis verbessern müssen und die das, was ihnen beigebracht wurde, besser behalten sollen.
Für Arbeitshunde und -pferde, die konzentriert und hellwach sein müssen.

Das Schlüsselwort für Chestnut Bud ist *Aufmerksamkeit.*

Chicory (Wegwarte)

Für Tiere, die meinen, Sie und das Haus gehörten ihnen:

- Hunde oder Katzen, die ihr Futter einfordern;
- Tiere, die die ganze Aufmerksamkeit fordern.

Für Tiere, die zu besitzergreifend sind:
weibliche Tiere gegenüber ihrem Nachwuchs, besonders wenn es Zeit ist, das Nest zu verlassen;
Hunde gegenüber Familienmitgliedern, besonders Kindern, die sie gegen alles und jeden beschützen wollen;
Vögel, die sehr besitzergreifend sind, weil sie nur eine Bezugsperson kennen;
Mütter, die ihre Jungen zu sehr beschützen.
Für Tiere, die emotional nicht fähig sind, einen Menschen oder ein Tier, dem sie sich verbunden fühlen, gehen zu lassen.
Für Tiere, deren Nasen oder Lungen verstopft sind. Diese Verstopfung kann ein Zeichen dafür sein, daß sie mehr Aufmerksamkeit brauchen. Überlegen Sie, ob Sie das Tier in letzter Zeit zu wenig beachtet haben.

Das Schlüsselwort für Chicory ist *Bedingungslosigkeit.*

Clematis (Weiße Waldrebe)

Für Tiere, die lernen müssen, länger aufmerksam zu sein und sich besser auf die aktuelle Lektion zu konzentrieren:

- Wachhunde;
- Jagdhunde;
- Blindenhunde.

Für Tiere, die aus irgendeinem Grund im Koma liegen oder bewußtlos sind.
Für Tiere, die nach einer Operation wieder gesund und munter werden sollen.
(Außerdem: Für Pflanzen, die scheinbar tot oder während des Winters abgestorben sind.)

Das Schlüsselwort für Clematis ist *Bewußtsein*.

Anmerkung: Clematis ist eine der fünf Blütenessenzen, die Bestandteil der Notfalltropfen sind.

Crab Apple (Holzapfel)

Für Tiere, die tierischen Geruch loswerden sollen:

- Hunde, die Kontakt mit einem Stinktier hatten;
- Hunde, die sich in Mist oder Abfall gewälzt haben.

Für Tiere, die von Läusen, Flöhen, Zecken oder anderen Parasiten einschließlich Würmern befallen sind und die das Gefühl der Unsauberkeit loswerden sollen.
Für Tiere, die eine Vergiftung durch Insektenspray,

vergiftetes Futter oder Wasser oder irgendein anderes Gift aus ihrem Körper ausscheiden müssen.
Für Tiere, die entzündete oder offene Wunden oder Ausschläge haben.
Für Tiere, die ausgesprochen verzweifelt sind und »Gefühlsgifte« loswerden müssen:
- Tiere, die von Menschen ausgesetzt wurden, damit sie sterben;
- Tiere, die mißhandelt wurden;
- Tiere, die nach einer Erkältung oder einem viralen oder bakteriellen Infekt entgiften müssen.

Für Tiere mit niedrigem Selbstwertgefühl:
- Tiere, die beim Wettbewerb den Kopf (oder den Schwanz) einziehen;
- Tiere, die sich ducken und verstecken;
- Tiere, deren Fell geschnitten oder rasiert wurde.

(Außerdem: Für Pflanzen, die von Pilzen oder Schimmel befallen sind. Sprühen Sie die infizierten Stellen ein, und geben Sie einige Tropfen ins Gießwasser. Verwenden Sie es außerdem immer, wenn Umweltgifte im Boden sind. Verwenden Sie Crab Apple, um Pestizide von Früchten und Gemüse zu entfernen.)

Das Schlüsselwort für Crab Apple lautet *Reinigung.*

Elm (Ulme)

Für Tiere, die Ereignisse wie Flugreisen, einen Umzug, zu viele fremde Menschen im Haus oder die Fahrt zur Paarung schlecht verkraften:

- Vögel, die durch Kinder oder überhaupt durch Menschen völlig aus der Fassung geraten, oder wenn Flügel, Krallen oder der Schnabel getrimmt werden müssen;
- Pferde, die beschlagen werden.

Für Tiere, die von Natur aus feinnervig sind und selbst durch alltägliche Ereignisse leicht aus der Fassung geraten:

- Rennpferde;
- Hunde und Katzen in Shows.

(Außerdem: Für Pflanzen, die zuviel gegossen wurden, zuviel Hitze oder Kälte ausgesetzt waren oder von einem Hund, einer Katze oder einem Kind schlecht behandelt wurden.)

Das Schlüsselwort für Elm ist *Anpassungsfähigkeit*.

Gentian (Herbstenzian)

Für Tiere, die Rückschläge jeglicher Art erlitten haben.

Für Tiere, denen es nach einer langen Krankheit schlechtgeht oder die den Mut verloren haben:

- bei Arthritissymptomen;
- bei der Rehabilitation nach einer Operation;
- bei Verzweiflung, wenn alle Jungen tot geboren werden.

Für Tiere, die kein Vertrauen haben und an ihrer Fähigkeit zweifeln, daß sie das, was vor ihnen liegt, bewältigen können:

- Pferde, die schwierige Übungen oder Ausdauerläufe zu absolvieren haben;
- Schlittenhunde, von denen erwartet wird, daß sie körperlich extrem ausdauernd sind.

Das Schlüsselwort für Gentian ist *Hoffnung*.

Gorse (Stechginster)

Für Tiere, die aufgeben wollen oder sich hoffnungslos fühlen und deshalb das Futter verweigern und nicht gesund werden:
- bei Krebs;
- bei arthritischen Komplikationen;
- bei schweren Verletzungen oder Operationen.

Das Schlüsselwort für Gorse lautet *Lebensfreude*.

Heather (Schottisches Heidekraut)

Für Tiere, die immer im Mittelpunkt der Aufmerksamkeit stehen müssen.
Für Tiere, die Unfug anrichten und Schäden im Haus verursachen, um Aufmerksamkeit zu bekommen.
Für Tiere, die ihre Besitzer oder Begleiter ärgern und nerven.
Für Tiere, die lästig werden, weil sie immer in Ihrem Bett schlafen oder auf Ihrem Schoß sitzen wollen, auch wenn Sie beschäftigt sind.

Für Tiere, die darunter leiden, wenn sie allein zu Hause bleiben müssen, die sich wahrscheinlich einsam oder ungeliebt fühlen.
Für Tiere, die in einem Hundezwinger untergebracht sind und ihre Herren nicht sehen können; besonders für Tiere in Tierheimen, die niemand beachtet.

Das Schlüsselwort für Heather lautet *Zufriedenheit*.

Holly (Stechpalme)

Für Tiere, die eifersüchtig und launisch sind:

- Vögel, die schnell mit dem Schnabel hacken und leicht verärgert sind;
- Hunde und Pferde, die hinterhältig und gefährlich sind;
- Tiere, die gefangen oder verletzt wurden.

Für Tiere, die mehr Liebe brauchen:

- mißhandelte Tiere;
- vernachlässigte Tiere;
- Pferde, die nie richtig geritten, beschlagen und gefüttert werden;
- Hunde, die draußen an der Kette liegen.

Für Tiere, die in quälender Quarantäne leben müssen, besonders Vögel.
(Außerdem: Für vernachlässigte Pflanzen, die mehr Liebe brauchen.)

Das Schlüsselwort für Holly ist *Sich-geliebt-Fühlen*.

Honeysuckle (Geißblatt)

Für Tiere, die nach dem Verlust eines geliebten, nahestehenden Menschen oder eines befreundeten Tieres, das gestorben ist oder weggenommen wurde, Unterstützung brauchen:

- Rennpferde und -hunde, die trübsinnig sind und ihren Siegeswillen verloren zu haben scheinen.

Für Tiere, die ihre erschöpften Energien wieder auffüllen müssen:

- Pferde, die erschöpft oder überanstrengt sind;
- Schlittenhunde, die sich verausgabt haben;
- jedes Tier, das bis zur Erschöpfung gejagt wurde;
- Mütter, die durch lange Geburten oder andere schwächende Umstände erschöpft sind und ihre Jungen trotzdem säugen müssen;
- jedes Tier, das viel Blut verloren hat oder dessen Lebensenergie geschwächt ist.

Für Tiere, die Heimweh haben, nachdem sie verkauft wurden oder den Besitzer gewechselt haben, in einer Tierpension darauf warten, wieder nach Hause zu dürfen oder im Tierkrankenhaus bleiben müssen.

Das Schlüsselwort für Honeysuckle ist *Fülle*.

Hornbeam (Hainbuche)

Für Tiere, die körperlich und seelisch müde sind.
Für Tiere nach anstrengenden Wettbewerben.

Für Tiere, die den Willen verloren haben, sich zu messen, zu gewinnen oder ihre Arbeit zu tun.

Das Schlüsselwort für Hornbeam ist *Energie*.

Impatiens (Drüsentragendes Springkraut)

Für Tiere, die nervliche Probleme haben, besonders nervöses Zittern.
Für Tiere, die vor dem Fressen oder vor einem Rennen besonders aufgeregt sind.
Für Tiere, die an epileptischen Anfällen leiden, besonders wenn sie sich aufregen.
Für Tiere, die Schmerzen leiden.

Das Schlüsselwort für Impatiens ist *Geduld*.

Anmerkung: Impatiens ist eine der fünf Blütenessenzen, die Bestandteil der Notfalltropfen sind.

Larch (Lärche)

Für Tiere, die bei Wettbewerben selbstbewußt und zuversichtlich sein und Spaß haben sollen.
Für Tiere, die kein Selbstvertrauen haben.
Für Tiere, die sich leicht ducken oder verstecken.
Für mißhandelte Tiere, die verwirrt sind und ihr Vertrauen verloren haben, damit sie wieder den »Boden unter den Füßen spüren«.

Das Schlüsselwort für Larch ist *Sicherheit.*

Mimulus (Gefleckte Gauklerblume)

Für Tiere, die an lange bestehenden Ängsten leiden:
- vor Mißhandlung;
- vor dem Verhungern;
- vor Fremden;
- vor Menschen ganz allgemein;
- vor Gewitter;
- vor anderen Tieren;
- vor dem Ausgesetztwerden.

Für Tiere, die sich von anderen Tieren beherrschen lassen, sich nicht verteidigen und den Platz, der ihnen zusteht, nicht einnehmen.
Für kranke Tiere, die nicht auf die Behandlung ansprechen.
(Außerdem: Für Pflanzen, die an einer schwer zu behandelnden Krankheit leiden. Wenn Sie die Essenz früh genug einsetzen, können Sie eine ganze Ernte retten.)

Das Schlüsselwort für Mimulus ist *Furchtlosigkeit.*

Mustard (Wilder Senf)

Für Tiere, die sehr depressiv sind, besonders wenn dies mit einer hormonellen Umstellung verknüpft ist. Für trächtige Tiere, besonders wenn sie plötzlich

depressiv werden oder andere ungewöhnliche Verhaltensweisen zeigen.
Für Tiere, die in der Paarungszeit sehr streitsüchtig werden.
Für Tiere, die allein sein wollen und gereizt und aggressiv reagieren, wenn man sich ihnen nähert, besonders wenn sie älter sind.

Das Schlüsselwort für Mustard ist *Glück*.

Oak (Eiche)

Für hart »arbeitende« Tiere, die überlastet zu sein scheinen und sich deshalb mit ihrer Aufgabe herumquälen:
- Turnierpferde, deren Überlastung durch einen verspannten Rücken deutlich wird;
- Tiere mit Arthritis, denen jede Bewegung, besonders nachdem sie geschlafen oder geruht haben, schwerfällt;
- Mütter in den letzten Monaten einer langen Trächtigkeit oder nach einer außergewöhnlich langwierigen Geburt.

Für Tiere, die mit einer chronischen Krankheit zu kämpfen haben.
Für Tiere, die neue Kraft brauchen, weil sie schwere Lebensbedingungen wie Kälte, Hitze oder Futtermangel bewältigen müssen:
- Tiere, die lange Zeit gehungert haben und wieder zu Kraft kommen müssen;

- Haustiere sowie wilde Tiere nach einem langen, harten Winter.

Für Tiere, die sich nie beklagen und oft mehr Verantwortung übernehmen als andere:

- Schlitten- oder Arbeitshunde vor einem langen Lauf;
- Pferde, die beispielsweise während der Ernte viel geritten oder überanstrengt wurden.

Für Tiere, die sich durch ihre Charakterstärke hervorheben.

(Außerdem: Für Pflanzen einschließlich Obstbäumen, deren Zweige kein Gewicht tragen können.

Für Bäume, die dickere Stämme bilden müssen.

Für alle Pflanzen, die in einer rauhen Umwelt ums Überleben kämpfen müssen.)

Das Schlüsselwort für Oak ist *Stärke*.

Olive (Olive)

Für Tiere, die durch eine lange schwere Krankheit oder ständige Schmerzen erschöpft sind:

- ältere Tiere, die leicht ermüden;
- Tiere, die an Allergien leiden, welche die Nebennieren belasten;
- wilde Tiere, die in Käfigen leben und sich durch Fluchtversuche sowie ständiges Auf- und Abrennen erschöpfen.

Das Schlüsselwort für Olive ist *Ausdauer*.

Pine (Schottische Kiefer)

Für mißhandelte Tiere, die sich abgelehnt fühlen:

- Tiere, die weggegeben oder ausgesetzt wurden;
- Tiere, die vom Tierschutzverein gerettet wurden;
- unglückliche Tiere, die niemals gewinnen, obwohl sie sehr wohl dazu imstande wären.

Für Tiere, die sich schuldig fühlen, wenn sich ihr Besitzer aufregt, selbst wenn sich dessen Gefühle gar nicht gegen das Tier richten.

Das Schlüsselwort von Pine ist *Zuversicht*.

Red Chestnut (Rote Kastanie)

Für Tiere, die ständig besorgt nach ihrem Besitzer oder einem Tierfreund Ausschau halten.
Für Tiere, die sich übertrieben um ihre Jungen sorgen.

Das Schlüsselwort für Red Chestnut ist *Vertrauen*.

Rock Rose (Gelbes Sonnenröschen)

Für Tiere, die nach einem Unfall, einer Verletzung oder anderen furchterregenden Ereignissen schnell panisch reagieren.
Für Tiere, die übermäßig ängstlich sind. Diese Angst wurde wahrscheinlich von einem Ereignis ausgelöst,

das weit zurückliegt, doch die Tiere können die Angst nicht loslassen.
Für Polizei- oder Rettungshunde, um ihre Fähigkeiten und ihren Mut zu unterstützen.

Das Schlüsselwort für Rock Rose ist *Mut*.

Anmerkung: Rock Rose ist eine der fünf Blütenessenzen, die Bestandteil der Notfalltropfen sind.

Rock Water (Wasser aus heilkräftigen Quellen)

Für Tiere, deren Gelenke und Muskulatur versteift sind und die beweglicher werden sollen.
Für Tiere, die keine Kompromisse mögen, und für mäkelige Esser, die sich auf nichts Neues einlassen können.

Das Schlüsselwort für Rock Water ist *Flexibilität*.

Scleranthus (Einjähriger Knäuel)

Für Tiere, die ihr körperliches und/oder seelisches Gleichgewicht wiederfinden müssen:
- Tiere mit Gleichgewichtsstörungen;
- Tiere mit neurologischen Störungen, die nach Krampfanfällen auftreten können;
- Tiere, die einen Schlaganfall erlitten haben und einseitig gelähmt sind;

- Tiere, die man beschuldigt, ungeschickt zu sein;
- Tiere mit hormonellen Schwankungen, die zu Verhaltensproblemen wie Launenhaftigkeit oder körperlichen Problemen wie zum Beispiel Reisekrankheit führen.

Das Schlüsselwort für Scleranthus ist *Gleichgewicht*.

Star of Bethlehem (Goldiger Milchstern)

Für Tiere, die gesund werden und ein Trauma loslassen müssen:
- bei emotionalem Schock durch den Verlust eines geliebten Menschen oder eines Gefährten, besonders bei Tieren, die sich ein Leben lang an einen Partner binden;
- bei körperlichen Traumata durch jede Art von Verletzung, einschließlich Mißhandlungen oder Autounfällen;
- bei Geburtstraumata;
- bei Schock durch extreme Kälte oder Hitze.

Für Tiere, die Trost brauchen:
- Tiere, die im Zwinger zurückgelassen werden und sich ungeliebt fühlen;
- verletzte oder kranke Tiere, die in einer Tierklinik bleiben müssen.

(Außerdem: Für Pflanzen, die durch Unwetter oder eine Verletzung geschädigt wurden.)

Das Schlüsselwort für Star of Bethlehem ist *Trost*.

Anmerkung: Star of Bethlehem ist eine der fünf Blütenessenzen, die Bestandteil der Notfalltropfen sind.

Sweet Chestnut (Eßkastanie)

Für Tiere, die nicht mehr ein noch aus wissen, weil sie gezwungen werden, auf sehr engem Raum wie zum Beispiel in einem Zwinger zu leben.
Für feinnervige Tiere.
Für Tiere, die Rennen laufen oder in Veranstaltungen auftreten, um einer Erschöpfung vorzubeugen.
Für Tiere, die bei Wettrennen Stärke und Ausdauer zeigen müssen.
(Außerdem: Für sterbende Pflanzen.)

Das Schlüsselwort für Sweet Chestnut ist *Freiheit*.

Vervain (Eisenkraut)

Für Tiere, die hyperaktiv und feinnervig sind:
- Hunde, die ständig am Zaun entlangrennen;
- Hunde, die hinter Autos herjagen;
- Hunde, die ständig bellen;
- Pferde, die auf der Koppel umherrennen oder nervös auf Stroh kauen.

Das Schlüsselwort für Vervain ist *Ruhe*.

Vine (Weinrebe)

Für Tiere, die glauben, daß sie für das Haus verantwortlich sind.
Für Tiere, die offensichtlich der Boß sein wollen und alle anderen Tiere beherrschen.
Für Tiere, die nach einem Kampf um die Anführerschaft Unterstützung brauchen.

Das Schlüsselwort für Vine ist *Respekt*.

Walnut (Walnuß)

Für Tiere, die sich stabilisieren und an eine neue Umgebung anpassen müssen:

- beim Umzug in ein neues Zuhause;
- bei der Gewöhnung an neue Menschen;
- bei Reisen mit dem Flugzeug, Auto oder Schiff.

Für Tiere, die Schutz vor äußeren Einflüssen jedweder Art brauchen:

- vor Insektiziden, Giftstoffen, bei Luftverschmutzung und Empfindlichkeiten gegen Pollen und Gräser;
- bei empfindlicher Reaktion auf Gewitter und laute Geräusche;
- bei empfindlicher Reaktion auf die Probleme oder Krankheit des Besitzers.

Für Tiere, die lernen müssen, sich angemessen abzugrenzen.
(Außerdem: Für Pflanzen, die sich gegen Umweltgifte schützen, sich an veränderte Temperaturen

gewöhnen oder an einen Ortswechsel verkraften müssen.)

Das Schlüsselwort für Walnut ist *Stabilität*.

Water Violet (Sumpfwasserfeder)

Für Tiere, die sich nie beschweren und die, wenn sie krank sind, lieber allein bleiben, um sich selbst zu heilen.
Für Tiere, die beim Tod ihres Besitzers oder Partners trauern oder die zu einer Trennung gezwungen werden.
Für Tiere, die lieber ihre Ruhe haben und allein bleiben wollen, aber nicht wirklich glücklich damit zu sein scheinen.

Das Schlüsselwort für Water Violet ist *Stille*.

White Chestnut (Weiße Roßkastanie)

Für Tiere, von denen hohe Konzentration gefordert wird, wie Rennpferde und Rennhunde.
Für Tiere, die in jeder Sutuation ruhig und besonnen bleiben müssen.

Das Schlüsselwort für White Chestnut ist *Klarheit*.

Wild Oat (Waldtrespe)

Für Tiere, die für eine bestimmte Aufgabe ausgebildet wurden, sich aber weigern, diese auszuführen.
Für Tiere, die sich langweilen und überflüssig fühlen, besonders Tiere, die aus Langeweile Dinge zerkauen oder zerstören.
Für Tiere, die eine Aufgabe brauchen.
Für Tiere, deren Interesse angeregt werden soll.

Das Schlüsselwort für Wild Oat ist *Entschlossenheit*.

Wild Rose (Heckenrose)

Für Tiere, die Hilfe brauchen, um glücklich und zufrieden zu sein:

- Kettenhunde, die gezwungen sind, auf engem Raum zu leben;
- ältere Tiere, die mit einem jüngeren Tier zusammenleben müssen, das sie ärgert;
- alte, nörglerische oder streitsüchtige Tiere einschließlich Vögel.

Für Tiere, die im Leben wieder Freude empfinden sollen.
(Außerdem: Für Pflanzen, die ihren Lebenswillen verloren haben.)

Das Schlüsselwort für Wild Rose ist *Freude*.

Willow (Gelbe Weide)

Für Tiere, die Abneigungen hegen:

- Katzen, die ins Bett pinkeln, weil ihnen etwas, was Sie getan haben, nicht paßt;
- Hunde, die Möbel zerbeißen, weil sie den ganzen Tag allein sind;
- Tiere, die Sie ignorieren, weil Sie sie den ganzen Tag allein gelassen oder in eine Tierpension gebracht haben.

Das Schlüsselwort für Willow ist *Optimismus*.

Rescue Remedy (Notfalltropfen)

Als erste Hilfe für Tiere gegen Streß, Schock, Verletzung, Angst und Erschöpfung. Die Tropfen helfen bei allen Krisen, ganz gleich ob sie den Körper, die Gefühle oder den Geist betreffen, und sorgen für ein Gefühl von Sicherheit, Ruhe und Frieden.
Die Notfalltropfen bestehen aus:

- Cherry Plum, um die Kontrolle zu behalten;
- Clematis für ein klares Bewußtsein;
- Impatiens gegen Schmerzen und Angst;
- Rock Rose gegen Panik und Furcht;
- Star of Bethlehem, um zu trösten und das Trauma loszulassen.

Wie man die Bach-Blütenessenzen anwendet

Die Blütenessenzen können Sie in Apotheken kaufen oder bestellen. Sie sind als volles Set oder als einzelne Flaschen – *Stockbottles* genannt – erhältlich. Wenn Sie selbst eine Mischung herstellen wollen, müssen Sie außerdem noch braune Glasflaschen (30 ml) mit Pipette kaufen. Sollten Sie in Ihrem Wohnort keine Bach-Blütenessenzen kaufen können, finden Sie im Anhang die Adresse eines Versandhandels.

Wie man Bach-Blütenessenzen auswählt

1. Überlegen Sie sich, welche Schwierigkeit Ihr Haustier hat. Notieren Sie ein positives Ziel. Wenn Sie zum Beispiel zwei Tieren helfen möchten, die sich nicht vertragen, schreiben Sie etwa folgendes: »Ich möchte Blütenessenzen finden, die Mike und Jeff helfen, wieder Freunde zu werden.«
2. Lesen Sie die Beschreibung jeder Blütenessenz. Welche Blüte spricht Sie spontan an?
3. Machen Sie eine Liste aller Blütenessenzen, die zu Ihrem Tier passen.
4. Ordnen Sie sie nach Priorität.

5. Nehmen Sie die ersten vier bis sechs.
6. Wenn Sie ein bestimmtes Problem haben, wie zwei miteinander kämpfende Tiere, wählen Sie Essenzen, die Frieden und Sicherheit wiederherstellen. Geben Sie beiden Tieren dieselben Tropfen.
7. Fragen Sie das höhere Selbst Ihres Tieres, welche Essenz beziehungsweise Essenzen in dieser speziellen Situation am besten helfen.
8. Wenn Sie darüber »schlafen« müssen, bitten Sie Ihre Heilungsengel, Ihre geistigen Führer und Helfer sowie Ihr Tier, die besten Essenzen für die Situation auszusuchen.

Hier sind einige Beispiele: Ihre Katze aus dem Tierheim braucht viel Liebe und Zuwendung und hängt an Ihnen, doch anderen Menschen gegenüber ist sie scheu und ängstlich. Sie hat vorher bereits in mindestens zwei Familien gelebt und ist wählerisch beim Fressen. Wir suchen das positive Pendant dieser Symptome und konzentrieren uns darauf, während wir die Essenzen auswählen.

Negative Symptome	*Positive Eigenschaft*	*Blütenessenz*
bedürftig, anhänglich	selbständig, selbstlos	Heather, Chicory
scheu, ängstlich, einsam	extrovertiert, mutig	Mimulus, Water Violet
labil	stabil, selbstbewußt	Larch

wählerisch	annehmend, flexibel	Rock Water, Beach

Eine andere Möglichkeit, mit den Blütenessenzen zu arbeiten, ist, sich auf die Situation und auf das Tier zu konzentrieren.

Sie planen beispielsweise eine Reise und wollen die passenden Blütenessenzen mischen, die Ihre Tiere während Ihrer Abwesenheit unterstützen. Sie möchten, daß sie die Veränderung gut verkraften, glücklich sind, sich normal benehmen und mit dem »Tiersitter« sorglos und zufrieden zusammenleben.

Positive Eigenschaft	*Blütenessenz*
fähig, die Veränderung zu bewältigen	Walnut, Elm
glücklich, zufrieden	Wild Rose
sorglos	Red Chestnut
Annehmen des Haushüters	Beech

Falls Sie zudem befürchten, daß eines Ihrer Tiere an seiner Pfote herumbeißt oder sich in Ihrer Abwesenheit am Bein Ihres Lieblingsstuhls vergreift, können Sie Agrimony und Cherry Plum dazu mischen.

Ein weiteres Beispiel: Sie bringen einen Welpen mit nach Hause und möchten, daß Ihr älteres Tier ihn problemlos annimmt. Sie möchten, daß sich alle beteiligten Tiere an die Veränderung gewöhnen und sich gegenseitig akzeptieren. Sie möchten dem Welpen helfen, seine Mutter und seine gewohnte Umgebung loszulassen und mit Ihnen und Ihrer Familie in Ihrem Zuhause glücklich zu werden.

Positive Eigenschaft	*Blütenessenz*
Akzeptanz, Anpassung	Beech, Wild Rose
Zuversicht, Wachheit	Larch, Honeysuckle
gut mit der Veränderung zurechtkommen	Elm, Walnut

Befürchten Sie wegen der Fahrt oder der Trennung ein Trauma, sind zusätzlich Notfalltropfen sinnvoll.

Idealerweise geben Sie Ihren Tieren die Mischung drei bis vier Tage, bevor der Neuling ankommt, und bitten den Züchter, dem Welpen dieselbe Mischung zu verabreichen, bevor er die Fahrt antritt. Wenn Sie die Tropfen vor dem ersten Zusammentreffen allen Tieren verabreichen, bewirken Sie damit, daß sich ihre Energien aufeinander einstimmen, und schaffen so ein positives, nährendes energetisches Umfeld. Sollten Sie Ihren Tieren die Tropfen nicht vor Ankunft des Welpen geben können, beginnen Sie damit so früh wie möglich. Meist verkürzt sich die Anpassungszeit an das neue Zuhause für das Tier mit den geeigneten Blütenessenzen beträchtlich. So haben alle betroffenen Menschen und Tiere eine viel größere Chance für einen guten Start.

Wie man Bach-Blütenessenzen mischt

Wenn Sie die Essenzen selbst mischen möchten, brauchen Sie:

- die einzelnen Blütenessenzen (Stockbottles)
- braune Pipettenflaschen von 30 oder 60 ml Inhalt
- weißen Essig oder Glyzerin
- gefiltertes Wasser
- Etiketten

Füllen Sie eine braune Glasflasche zu drei Vierteln mit gefiltertem Wasser. Geben Sie zwei bis vier Tropfen aus jeder der ausgewählten Stockbottles hinzu. Fügen Sie eine Viertel Pipette weißen Essig oder Glyzerin als Konservierungsstoff hinzu. Füllen Sie das Ganze mit gefiltertem Wasser auf. Etikettieren Sie die Flasche mit den Namen der Essenzen, dem Datum und dem Namen des Tieres. Stellen Sie die Flasche in den Kühlschrank.

Wenn Sie feste Partikel oder Schimmel in der Flasche entdecken, schütten Sie den Inhalt weg und legen Flasche und Pipette für fünf bis zehn Minuten in kochendes Wasser, um sie zu sterilisieren, bevor Sie sie erneut füllen.

Wie man Bach-Blütenessenzen verabreicht

Stoßen Sie die Flasche *vor jeder Anwendung* zehnmal kräftig vor Ihre Handfläche. Dies energetisiert die Mischung. Aus dieser Flasche können Sie:

1. zwei bis vier Tropfen direkt ins Maul des Tieres geben. Achten Sie darauf, daß es nicht an der Pipette leckt. Wenn es doch geschehen ist, reinigen Sie die Pipette einige Minuten unter heißem Wasser, bevor Sie sie zurück in die Flasche geben.
2. zwei bis vier Tropfen ins Futter oder Trinkwasser geben.
3. vier Tropfen in gefiltertes Wasser in eine kleine Sprühflasche geben und den Raum, den Schlafplatz, den Lieblingsstuhl, die Kiste, das Auto usw. besprühen.
4. wenige Tropfen in die Hand geben und Kopf und Ohren Ihres Tieres streicheln.
5. eine Auswahl der oben genannten Möglichkeiten treffen oder alle gleichzeitig anwenden.

Wenn Sie die Tropfen direkt aus der Stockbottle geben, bedenken Sie, daß sie höher konzentriert sind – Sie brauchen also weniger – und daß die Essenz mit ziemlich viel Branntwein haltbar gemacht wurde. Für empfindliche Tiere und für Vögel sollten Sie den Alkohol vorher verdampfen. Dazu bringen Sie etwa eine viertel bis eine halbe Tasse Wasser zum Kochen und schütten es in einen feuerfesten Glasbecher. Geben Sie beliebig viele Tropfen aus der Stockbottle hinein. Warten Sie einen Augenblick, bis der Alkohol verdampft ist. Wenn das Wasser abgekühlt ist, schütten Sie es in eine braune Pipettenflasche, kleben ein Etikett darauf und können die Essenz verwenden.

Die Essenzen sind keine Medikamente und müssen daher nicht geschluckt werden. Sie müssen nur mit den Schleimhäuten der Tiere oder mit ihrem Energiefeld in Berührung kommen, um zu wirken. Zwei bis vier Tropfen genügen für einen Kanarienvogel ebenso wie für ein Pferd.

In einer Notfallsituation können Sie alle zehn Minuten einen bis zwei von den Notfalltropfen geben, bis der Tierarzt eintrifft oder Sie in der Tierklinik sind. Sie können die Tropfen auf das Maul eines bewußtlosen Tieres geben oder seine Ohren damit einreiben. Wenn Sie sich gemeinsam mit Ihrem Tier in Not befinden, können auch Sie wenige Tropfen nehmen, um mit der Situation zurechtzukommen und klare Entscheidungen zu treffen. Es lohnt sich für solche Fälle, immer eine Flasche Notfalltropfen bei sich zu tragen.

Bei Verhaltensproblemen oder emotionalen Schwierigkeiten beginnen Sie mit zwei bis vier Tropfen der von Ihnen ausgewählten Mischung dreimal täglich über einen Zeitraum von zwei bis vier Wochen hinweg. Wenn eine Verbesserung eingetreten ist, können Sie das Tier langsam entwöhnen, indem Sie die Tropfen nur noch einmal täglich geben, dann jeden zweiten Tag und so weiter. Einige Tiere brauchen die Tropfen länger. Andere werden bei Belastungen oder Veränderungen immer wieder für kurze Zeit die Unterstützung der Blütenessenzen benötigen. Wenn es sich um Kleinigkeiten oder um etwas Akutes wie eine Operation handelt, müssen Sie die Tropfen vielleicht nur wenige Male geben. Sollten Sie das Tier »auf frischer Tat ertappen«, geben Sie ihm sofort seine Tropfen, und unterstützen Sie es, indem Sie es daran erinnern, daß die Essenzen ihm helfen, am richtigen Ort zu pinkeln, das richtige Spielzeug zu zerbeißen, sanft mit einem Welpen umzugehen und so weiter. Ihre *positive* Ausrichtung wird den Erfolg möglich machen.

Wenn Sie mehrere Tiere haben und nur ein Tier die Tropfen braucht, müssen Sie sich nicht sorgen. Sie können die Essenzen ruhig in die gemeinsame Wasserschüssel geben. Wenn den anderen Tieren durch eine der Essenzen in der Mischung geholfen werden kann, wird dies geschehen. Wenn nicht, haben die Tropfen keine wie auch immer gearteten Auswirkungen. Die Bach-Blütenessenzen helfen, oder sie helfen nicht. Sie haben keine Nebenwirkungen und haben keinen negativen Einfluß auf andere Therapien oder Medikamente.

Wenn es darum geht, Emotionen loszulassen, kann es sein, daß Ihr Tier starke Reaktionen zeigt. Die Blütenessenzen ersetzen einen negativen emotionalen Zustand durch einen positiven, doch manchmal bedeutet dies, daß das Tier diese Emotionen erst einmal ausleben muß, um sie loszulassen und gesund zu werden. Normalerweise wird dies nur kurze Zeit andauern. In den seltenen Fällen, in denen eine solche Reaktion auftritt, sollten Sie Ihr Tier unterstützen, indem Sie ihm erlauben, sich auszudrücken, ohne bestraft zu werden. Bieten Sie ihm einen geschützten Raum, wo es seine Gefühle durchleben kann. Danach wird es Ihnen beiden besser gehen. Wenn Sie dies belastet, nehmen Sie selbst ein paar Tropfen der Blütenmischung. Die Chancen stehen nicht schlecht, daß die Tropfen, die Sie für Ihr Tier gemischt haben, auch Ihnen helfen.

Oft spiegeln unsere Tiere die Belastungen unseres eigenen Lebens. Sie benehmen sich häufig auffällig, um unsere Aufmerksamkeit zu erregen, und zeigen uns unsere eigene Unausgeglichenheit. Tiere können uns auch Krankheiten »abnehmen«. Wenn Sie ein wenig Abstand gewinnen und sich fragen, was Ihr Tier Ihnen zu sagen versucht, indem es emotionale oder körperliche Probleme manifestiert, können Sie viel über sich lernen. Wenn wir die Blütenessenzen gemeinsam mit unseren Tieren nehmen und bereit sind, *auf allen Ebenen* heil zu werden, unterstützt dies die Tiere mehr bei ihrer Heilung als alle Therapien oder Medikamente. Und wenn Sie die Essenzen im Haus versprühen, wird letztlich jeder ausgeglichener sein und sich besser fühlen.

Eine der dramatischsten Heilungen durch Blütenessenzen geschah bei einem Pferd namens Reina. Reina ist eine wunderschöne Stute, doch ihrer Besitzerin Bonnie gelang es nicht, Freundschaft mit ihr zu schließen. Die beiden stritten ständig. Reina verweigerte die Zusammenarbeit, und ihre frustrierte

Besitzerin war schon bereit, die Stute zu verkaufen, als eine innere Stimme ihr riet, sich mit dem Tier zu einer Kommunikationssitzung bei uns anzumelden. Als ich mich telepathisch an Reina wandte, sandte sie mir mentale Bilder von ihrem ersten Reiter, und ich sah, daß er sehr grob mit ihr umgegangen war. Reina sagte Bonnie durch mich, daß sie immer noch wütend sei und dringend Unterstützung brauche, um diese schlimmen Erinnerungen loszulassen. Als wir wußten, womit sich die Stute herumschlug, mischte Bonnie Bach-Blütenessenzen und gab sie ihrem Pferd. Bonnie erklärte Reina, daß die Tropfen ihr helfen würden, die Vergangenheit loszulassen und in der Gegenwart zu leben. Innerhalb von zwei Tagen wurde Reina ein anderes Pferd! Praktisch über Nacht wurde sie sanfter, konzentrierter und arbeitete viel besser mit. Bonnie konnte die Veränderung kaum glauben. Reina lernte nun aufmerksam und willig von ihr. Sie trainierten mühelos und wurden die beste Freundinnen. Die Stute mochte Paraden, nahm an langen Ausdauerrennen teil und verhielt sich einfach wunderbar. Sie wurde in jeder Hinsicht ein perfektes, ausgeglichenes Pferd, das Herausforderungen anmutig und ruhig bewältigte. Heute würde Bonnie ihr Pferd nicht für alles Geld der Welt mehr hergeben.

Die Bach-Blütenessenzen wirken natürlich nicht bei jedem Tier so rasch. Normalerweise dauert es einige Wochen, bis sich dauerhaft etwas verändert, bei Menschen sogar meist mehrere Monate! Unserer Erfahrung nach reagieren Tiere viel schneller, weil sie sich nicht wie wir gegen das eigene Wohlbefinden wehren. Das Wichtigste ist, daß Blütenessenzen ein wertvolles Hilfsmittel sein können, um Menschen und Tiere wieder ins Gleichgewicht zu bringen.

Es gibt keine Garantie dafür, daß Bach-Blütenessenzen ein Problem vollständig beheben, doch wir sind sicher, daß sich unsere Tiere mit Hilfe der Blütenessenzen mental und emotional besser fühlen.

Anmerkung I: Es gibt auch andere Blütenessenzen, darunter die herrliche Anaflora-Blütenessenztherapie für Tiere, englische Baumessenzen, *Perelandra Essences* und Lichtwesen-Essenzen, um nur einige zu nennen.

Anmerkung II: Die Bach-Blütenessenzen und andere Blütentropfen oder Essenzen sind kein Ersatz für eine tierärztliche Behandlung. Sie können sich und Ihr Tier jedoch beim Warten auf medizinische Hilfe unterstützen. Sie vertragen sich mit allen ganzheitlichen und schulmedizinischen Therapien. Wie Dr. Bach sagte, erleichtern die Blütenessenzen die körperliche Heilung, indem sie die Gefühle harmonisieren und beruhigen. Fast immer wird die Gesundung durch die Blütenessenzen gefördert.

Schlüsselworte zu den Bach-Blütenessenzen

Agrimony
Positiv: Innere Freude, Selbstakzeptanz, gute Anpassungsfähigkeit
Negativ: Unterdrückte Gefühle, Allergien oder Empfindlichkeiten

Aspen
Positiv: Verbundenheit, Furchtlosigkeit
Negativ: Vage Ängste, Gefühl von drohendem Unheil

Beech
Positiv: Toleranz, Akzeptanz
Negativ: Intoleranz, Steckenbleiben in der Routine, wählerisch beim Essen

Centaury
Positiv: Ausgewogene Beziehungen, starker Charakter
Negativ: Duckmäusern, »das ständige Opfer«, Belästigungen durch andere Tiere

Cerato
Positiv: Sicherheit, Stärke, Durchhaltevermögen, Selbstbewußtsein, Überzeugung
Negativ: Unaufmerksamkeit, Ablenkbarkeit

Cherry Plum
Positiv: Ruhe, Stille, Kontrolle
Negativ: Kontrollverlust, Destruktivität, Überanstrengung, Revierbewußtsein, Aggressionen

Chestnut Bud
Positiv: Aufmerksamkeit, lernt seine/ihre Lektion schnell und bricht mit alten Gewohnheiten
Negativ: Stures Kauen oder Jagen

Chicory
Positiv: Selbstlose Fürsorge, Großzügigkeit, bedingungslose Liebe
Negativ: Besitzgier, Anklammern, Manipulationsversuche, Verstopfung

Clematis
Positiv: Wiederherstellen von Bewußtsein und Konzentration (nach einer Operation)
Negativ: Unaufmerksamkeit, Gleichgültigkeit, Lustlosigkeit, Einsamkeit

Crab Apple
Positiv: Reinigung von Infektionen und emotionalen oder körperlichen Giften
Negativ: Anhaltende Infektionen, Scham, Verlassenheitsgefühle

Elm
Positiv: Verantwortung, Stärke, Anpassungsvermögen, die eigenen Fähigkeiten einsetzen

Negativ: Überbeanspruchung und/oder nervöse Müdigkeit

Gentian
Positiv: Hoffnung, Rehabilitation von langer Krankheit
Negativ: Rückschlag, Enttäuschung

Gorse
Positiv: Vertrauen, Hoffnung, Lebensfreude
Negativ: Hoffnungslosigkeit (Aufgabe bei Krebs, schweren Verletzungen oder Operationen)

Heather
Positiv: Aufmerksamkeit, Selbstlosigkeit, Hilfsbereitschaft, Ausgeglichenheit, Zufriedenheit
Negativ: Einsamkeit, Bedürftigkeit, Anklammern (Bedürfnis, ständig im Zentrum der Aufmerksamkeit zu stehen)

Holly
Positiv: Großzügigkeit, Fähigkeit zu teilen, innere Harmonie, Toleranz
Negativ: Wut, Aggression, Eifersucht, Vernachlässigung, Mißhandlung, Bedürfnis nach Liebe

Honeysuckle
Positiv: Unterstützung bei Verlust, Energie »tanken«
Negativ: Kummer, Heimweh, Energielosigkeit, Isolation

Hornbeam
Positiv: Sicherheit, Energie, schnelles Auffassungsvermögen
Negativ: Geistige oder/und körperliche Erschöpfung

Impatiens
Positiv: Geduld, Weichheit, Schmerzfreiheit
Negativ: Ungeduld, Reizbarkeit, Nervosität, körperliche Schmerzen

Larch
Positiv: Zuversicht, Sicherheit
Negativ: Mangelndes Selbstvertrauen, Unsicherheit, Mißbrauch, Verwirrung

Mimulus
Positiv: Furchtlosigkeit, Mut
Negativ: Schüchternheit, spezifische Ängste (Krankheit, die nicht auf die Behandlung anspricht)

Mustard
Positiv: Klarheit, Freude, Stabilität, Friedlichkeit
Negativ: Depression, Trübsinn (Stimmungsschwankungen)

Oak
Positiv: Stärke, Zuverlässigkeit, Zutraulichkeit
Negativ: Chronische Erschöpfung (kämpft sich immer weiter durch, obwohl er/sie überarbeitet ist), Kontrollverlust

Olive
Positiv: Gute Regenerationsfähigkeit, Lebensfreude, Ausdauer
Negativ: Körperliche Erschöpfung durch lange Anstrengung oder Alter

Pine
Positiv: Verantwortungsbewußtsein, Demut, Vertrauen
Negativ: Perfektionismus, Schuld (fühlt sich abgelehnt oder mißbraucht, hat nie Erfolg)

Red Chestnut
Positiv: Positivität, Ruhe (Urvertrauen)
Negativ: Beunruhigung, übertriebene Sorge

Rock Rose
Positiv: Mut, Charakterstärke, Vertrauen
Negativ: Terror, Panik

Rock Water
Positiv: Flexibilität, Bereitschaft, Freude
Negativ: Mangelnde Flexibilität, Herummäkeln, Steifheit (Arthritis)

Scleranthus
Positiv: Ausgeglichenheit, Entschlossenheit
Negativ: Unausgeglichenheit, Unsicherheit (neurologisch und hormonell bedingte Probleme, Reisekrankheit)

Star of Bethlehem
Positiv: Befreiung von Traumata
Negativ: Geistiger, körperlicher oder emotionaler Schock; tiefe Angst, Schmerzen (für alle streunenden Tiere sowie Tiere aus dem Tierheim)

Sweet Chestnut
Positiv: Zuversicht, Zutraulichkeit, Freiheit durch Verständnis
Negativ: Verzweiflung, Ausgebranntsein, Platzangst

Vervain
Positiv: Weisheit, Gleichgewicht, Entspannung, Friedlichkeit, Ruhe
Negativ: Heftigkeit, Hyperaktivität, übermäßige Begeisterung (ständiges Bellen)

Vine
Positiv: Verständnisvoll, liebevoll, geduldig, Achtung anderen gegenüber
Negativ: Kontrolle, Dominanz, will der Chef sein

Walnut
Positiv: Stabilität, Übergang, Schutz
Negativ: Überängstlich gegenüber Menschen, der Umwelt oder Veränderungen

Water Violet
Positiv: Ruhe, Friedlichkeit, Freude, Weisheit
Negativ: Kummer, Einsamkeit, Arroganz (Einzelgänger, die meisten Katzen)

White Chestnut
Positiv: Konzentration, Klarheit, Entschlossenheit
Negativ: Übermäßige Beschäftigung mit immer denselben Dingen, »Steckenbleiben«

Wild Oat
Positiv: Klares Rollenverständnis; Gefühl, gebraucht zu werden
Negativ: Langeweile, Destruktivität, Gefühl der Nutzlosigkeit

Wild Rose
Positiv: Freude, Zufriedenheit, Akzeptanz (hilft, in der Gegenwart zu sein)
Negativ: Apathie, Resignation, Passivität

Willow
Positiv: Optimismus, Verantwortungsgefühl, Akzeptanz
Negativ: Ablehnung, Destruktivität (ignoriert andere aus Ärger)

Notfalltropfen
Positiv: Beruhigt, stabilisiert, harmonisiert
Negativ: Akuter Schock, Trauma oder Streß

Nachwort

Wir danken Ihnen, daß Sie unser Buch *Spirituelle Partnerschaft mit Haustieren* gelesen haben. Für uns war das Schreiben ein Dienst der Liebe: Liebe für die Tiere und für jene Menschen, die Tiere genauso lieben wie wir. Wir bitten Sie, verpflichten Sie sich Ihren Tieren und sich selbst gegenüber, die Informationen aus diesem Buch in die Tat *umzusetzen*. Sie haben viele Werkzeuge an die Hand bekommen, doch sie sind wirkungslos, wenn sie nur Worte auf dem Papier bleiben.

Tiere leben vollkommen im Augenblick. Sie lehren uns, jeden Moment des Tages gegenwärtig zu sein. Mit diesen Informationen haben Sie nun die Möglichkeit, den Tieren zu helfen, jeden Moment so gut wie möglich zu leben. Sie verfügen jetzt über das nötige Wissen, um mehr Verständnis zu entwickeln und die Kommunikation mit Ihren Tieren zu vertiefen. Tun Sie das!

Wir freuen uns über Kommentare, Vorschläge und Fragen, die dieses Buch betreffen. Fühlen Sie sich frei, uns zu schreiben oder eine E-mail zu senden (im Anhang finden Sie die Kontaktadresse).

Gesegnet seien Sie und all Ihre pelzigen, gefiederten, behuften, schuppigen und gepanzerten Lebensgefährten! Genießen und feiern Sie das Wunder des Zusammenlebens.

Anhang

Literaturempfehlungen

Anson, Suzan: *Kochen für den Hund*. Droemer Knaur, 1995

Becvar, Wolfgang: *Naturheilkunde für Hunde*. Franckh-Kosmos, 1994

Ders.: *Naturheilkunde für Katzen*. Franckh-Kosmos, 1996

Cusick, William D.: Canine Nutrition: *Choosing the Best Food für Your Breed*. Doral Publishing, 1997

Fogle, Bruce: *Naturgemäße Hundehaltung*. BLV Verlagsgesellschaft, 1999

Fogle, Bruce: *Naturgemäße Katzenhaltung*. BLV Verlagsgesellschaft, 1999

Ghosh, Inge: *Naturheilkunde für Hunde*. Pala-Verlag, 1995

Karmann, G./Ost, D.: *Naturheilkunde für Katzen*. Pala-Verlag, 1996

Kübler-Ross, Elisabeth: *Jedes Ende ist ein strahlender Beginn*. Silberschnur, 1992

Dies.: *Erfülltes Leben, würdiges Sterben*. Gütersloher Verlagshaus, 1998

Levine, Stephen: *Wer stirbt? Wege durch den Tod*. Context Verlag, 1991

Lindenberg, Anne: *Bach-Blütentherapie für Haustiere*. Pala-Verlag, 1997

Myers, Arthur: *Zwiesprache mit Tieren*. Franckh-Kosmos, 2000

Roads, Michael J.: *Mit der Natur reden*. Ansata, 1998

Smith, Penelope/Tobias, Michael: *Ich spürte die Seele der Tiere*. Frankh-Kosmos, 1997

Tellington-Jones, Linda/Taylor, Sybil: *Der neue Weg im Umgang mit Tieren. Die Tellington Touch Methode*. Frankh-Kosmos, 1993

Wirth, Wolfgang: *Naturheilkunde für Tiere*. Ennsthaler, 1994

Wood, Deborah: *Tao of Bow Wow*. Dell Books, 1999

Adressen

Kontaktadresse der Autoren

Wenn Sie sich über die Arbeit der Autoren informieren oder ein Seminar bei sich organisieren wollen, wenden Sie sich bitte an:

Kate Solisti-Mattelon und Patrice Mattelon
13 Bluebell Court
Santa Fe, NM 87505
Tel.: 001/505/4666958
Internet: *home.earthlink.net/~solmat*
E-mail: *solmat@earthlink.net*

Informationen über Tierfuttertests

Stiftung Warentest
Lützowplatz 11–13
10785 Berlin
Internet: *www.warentest.de*

Öko-Test-Magazin
Kasseler Straße 1a
60486 Frankfurt
Internet: *www.oekotest.de*

Bezugsadresse für Bach-Blütenessenzen

DEVA – Fachgeschäft und Versand für Blütenessenzen
Häberlstraße 20
80337 München
Tel./Fax: 089/53 33 37

Dank

Wir möchten allen Menschen danken, die an uns geglaubt und uns unterstützt haben, unserem Herzen zu folgen.

Wir danken den Tierärzten Rachel Blackmer, Dee Blanco, Linda East, Don Hamilton, Amy Norton, John Saxton, Joann Stefanatos, Sheila Tuler und Pam Wood-Krzeminski.

Ganz besonders danken wir Rob Silver, D.V.M., für seine Rezepte und Vorschläge und Celeste Yarnall für ihre Beratung in Ernährungsfragen. Besonders danken wir Jean Hofve, D.V.M., dafür, daß sie uns ihre Forschungsarbeit über kommerzielles Tierfutter und die ernährungsmäßigen Bedürfnisse von Katzen und Hunden zur Verfügung stellte, und für ihre Bemühungen, Tierärzte, Tierarztstudenten und ihre Klienten davon zu überzeugen, wie wichtig eine gesunde Ernährung für Haustiere ist.

Wir danken unseren Freunden und Kollegen Christian Anderson, Susan Belsky, Wendy Chase, Alison Davy, Shelley und Peggy Donnelly, Lavender Dower,

Sue Green, Margaret und David Hennessy, Penny Hubbard, Phil und Randy Klein, Maria und Cliff Kroski, David Leigh Alexander, Pat Saxton, Penelope Smith, Linda Tellington-Jones, David White, Eryn Wolfwalker und Celeste Yarnall.

Wir danken unseren Familien.

Wir danken Cindy Black und Richard Cohn und dem Team von Beyond Words.

Und schließlich danken wir den zahllosen Klienten, die daran geglaubt haben, daß ihre Tiere etwas zu sagen haben, und bereit waren, uns zu bitten, für sie zu »übersetzen«.

Unsere tiefe Dankbarkeit richtet sich an alle Tiere, die ihre Besitzer zu uns geschickt und die uns so viel über die bedingungslose Liebe gelehrt haben.